Desenvolvimento gerencial, estratégia e competitividade

Desenvolvimento gerencial, estratégia e competitividade

Adriano Stadler (Org.)
Maria do Carmo Schmidt
Pedro Monir Rodermel

Gestão Empresarial

EDITORA
intersaberes

EDITORA intersaberes

Av. Vicente Machado, 317 . 14º andar
Centro . CEP 80420-010 . Curitiba . PR . Brasil
Fone: (41) 2106-4170
www.intersaberes.com
editora@editoraintersaberes.com.br

Conselho editorial
Dr. Ivo José Both (presidente)
Dr.ª Elena Godoy
Dr. Nelson Luís Dias
Dr. Neri dos Santos
Dr. Ulf Gregor Baranow

Editor-chefe
Lindsay Azambuja

Editor-assistente
Ariadne Nunes Wenger

Preparação de originais
Schirley Horácio de Gois Hartmann

Capa
Silvio Spannenberg

Projeto gráfico e diagramação
Roberto Querido

Iconografia
Danielle Scholtz

1ª edição, 2012.

Foi feito o depósito legal.

Informamos que é de inteira responsabilidade dos autores a emissão de conceitos.

Nenhuma parte desta publicação poderá ser reproduzida por qualquer meio ou forma sem a prévia autorização da Editora InterSaberes.

A violação dos direitos autorais é crime estabelecido na Lei nº 9.610/1998 e punido pelo art. 184 do Código Penal.

Dados Internacionais de Catalogação na Publicação (CIP)
(Câmara Brasileira do Livro, SP, Brasil)

Rodermel, Pedro Monir
 Desenvolvimento gerencial, estratégia e competitividade / Pedro Monir Rodermel, Maria do Carmo Schimidt, Adriano Stadler (Org.). – Curitiba: InterSaberes, 2012. – (Coleção Gestão Empresarial; v. 3).

 Bibliografia.
 ISBN 978-85-8212-093-4

 1.Administração de empresas 2. Competitividade 3. Desempenho – Avaliação 4. Empresas – Avaliação 5. Mudanças organizacionais – 6. Planejamento estratégico I. Schimidt, Maria do Carmo II. Stadler, Adriano III. Título. IV. Série.

12-07692   CDD-658.402

Índices para catálogo sistemático:
 1. Sustentabilidade empresarial:
  Administração de empresas 658.421
 2. Sustentabilidade nas organizações:
  Administração de empresas 658.421

Sumário

- Apresentação, 7
- Como aproveitar ao máximo este livro, 9

Primeira parte – Desenvolvimento gerencial, 11
Maria do Carmo Schmidt

- Sobre a autora, 12
- Introdução, 13

1. A inteligência emocional e o autoconhecimento como ferramentas de gestão, 15
2. O processo de comunicação como ferramenta de gestão, 26
3. A administração das necessidades e diferenças individuais na equipe de trabalho e o processo de comunicação, 33
4. O líder e seu papel na equipe, 46
5. Os estilos de liderança e o impacto na gestão, 56
6. O líder como elemento transformador do ambiente organizacional: decidindo e gerenciando conflitos, 67

- Síntese, 77
- Referências, 79
- Bibliografia comentada, 82

Segunda parte – Estratégia, planejamento e competitividade, 83
Pedro Monir Rodermel

- Sobre o autor, 84
- Introdução, 85

1. Estratégia e competitividade, 87
2. Competitividade e concorrência, 97
3. Competitividade, compradores e fornecedores, 106
4. Competitividade, novos entrantes e produtos substitutos, 115
5. Competitividade e redes de empresas, 122
6. Estratégias empresariais, 131

- Síntese, 143
- Referências, 145
- Bibliografia comentada, 147

- Considerações finais, 149

Apresentação

As organizações estão inseridas num contexto altamente complexo e mutante, um ambiente no qual elas, ao adotarem suas estratégias, devem levar em conta as influências de todos os elementos externos aos negócios.

É fundamental observar que todos esses elementos implicam a participação de pessoas, as quais têm diferentes expectativas, diferentes motivos que as levam a agir. Dessa forma, o papel do gestor deve ser o de mediador de todos os interesses pessoais, considerando a individualidade desses seres humanos em face da necessidade de a organização se manter competitiva nos mercados em que atua.

Este livro tem por objetivo discutir, num primeiro momento, o papel do gestor de pessoas, uma função que se inicia com o próprio autoconhecimento e se estende até a gestão de conflitos entre os componentes dos grupos de trabalho. Num segundo momento, o objetivo é apresentar as várias estratégias existentes para se planejar um negócio, as quais levam à competitividade da organização no setor em que está inserida.

Tanto um quanto outro tema são de extrema relevância para o seu conhecimento em gestão empresarial. Assim, a primeira parte deste livro, intitulada "Desenvolvimento gerencial", diz respeito ao ambiente organizacional e seus impactos, sendo mencionados também o autoconhecimento e a inteligência emocional como ferramentas de gestão.

Na sequência, são enfocadas as necessidades e as diferenças individuais nas equipes, bem como o processo de comunicação como ferramenta de gestão, ressaltando-se aspectos como a confiança, a comunicação interpessoal e o processo de *feedback*. Além disso, são examinados o modo de funcionamento do trabalho em equipe e o desenvolvimento de pessoas no ambiente organizacional.

Ainda na primeira parte, são analisadas também a liderança e suas consequências na gestão da organização, além de serem discutidos o processo decisório, o gerenciamento de conflitos e a importância do líder na transformação do ambiente organizacional como formas de maximizar a eficácia no ambiente de trabalho.

A segunda parte do livro – intitulada "Estratégia e competitividade" – traz primeiramente o plano estratégico e todas as suas variáveis. Na sequência, são enfocadas as cinco forças competitivas de Porter, um dos principais autores da área de planejamento estratégico.

São abordados, ainda, assuntos como a rivalidade entre os concorrentes, o poder de negociação de clientes e fornecedores, a ameaça de novos entrantes e de produtos substitutos nos mercados em que a organização atua.

É apresentada, em seguida, uma abordagem sobre a associação de empresas em redes, a qual é considerada uma forma de estas alcançarem maior competitividade e disputarem os mercados com mais condições de igualdade em relação aos concorrentes de grande porte. Por fim, é realizada uma apresentação dos principais autores da área de estratégia: Ansoff, Porter e Mintzberg.

Ressaltamos que este livro foi elaborado para que você reflita sobre o desenvolvimento tanto dos gestores quanto de seus subordinados nas organizações, considerando que, para um negócio ser bem sucedido e alcançar a máxima eficácia, é preciso que as pessoas que nele atuam sejam motivadas e engajadas com a missão, a visão, os valores e as estratégias que sustentam a empresa. Acreditamos que este livro possa lhe ajudar a refletir sobre esses temas.

Como aproveitar ao máximo este livro

Este livro traz alguns recursos que visam enriquecer o seu aprendizado, facilitar a compreensão dos conteúdos e tornar a leitura mais dinâmica. São ferramentas projetadas de acordo com a natureza dos temas que vamos examinar. Veja a seguir como esses recursos se encontram distribuídos no projeto gráfico da obra.

Indicação cultural

O DIABO veste Prada. Direção: David Frankel. EUA: Fox, 2006. 109 min.

Por meio desse filme, é possível refletir sobre aspectos como objetivos pessoais, estilo de liderança, entrevista de seleção, determinação, objetivos profissionais e perfil individual.

Depois de assistir ao filme, correlacione-o à leitura realizada e compare as situações enfocadas com a sua realidade profissional, identificando o que você pode aprender com ele.

Ao final do capítulo os autores oferecem algumas indicações de livros, filmes ou *sites* que podem ajudá-lo a refletir sobre os conteúdos estudados e permitir o aprofundamento em seu processo de aprendizagem.

Síntese

Para estudar e compreender a gestão, há que se entender, primeiro, o ser humano e começar, portanto, com o conhecimento de si mesmo. Vimos que a autoimagem, a consciência dos próprios sentimentos, potencialidades e limitações, oferece um panorama de como as relações e o ambiente serão construídos. É fundamental lembrar que a organização é formada por pessoas que têm seus anseios, obje-

É um resumo dos principais conceitos abordados em cada parte. Ao retomar o que foi abordado, serve para confirmar ou não as conclusões formuladas ao longo da leitura do texto, colaborando em seu esforço de assimilação dos conteúdos.

Bibliografia comentada

DOTLICH, D. L.; CAIRO, P. **Por que os executivos falham?** – 11 pecados que podem comprometer sua ascensão e como evitá-los. Rio de Janeiro: Elsevier, 2003.

A obra convida a uma reflexão sobre fatores que levam os líderes a falharem com sua equipe, que atitudes contribuem para isso. De acordo com os autores, as falhas são decorrentes das atitudes e do jeito de ser dos líderes, porém, na maioria das vezes, estes

Nesta seção, você encontra comentários acerca de algumas obras de referência para o estudo dos temas examinados.

Primeira parte

Desenvolvimento gerencial

Maria do Carmo Schmidt

Sobre a autora

Maria do Carmo Schmidt é psicóloga, pós-graduada em Desenvolvimento Gerencial pela FAE Centro Universitário/Centro de Desenvolvimento Empresarial – CDE (2003) e mestre em Administração pela Universidade do Vale do Itajaí – Univali (2006). Possui formação em Análise Transacional pela União Nacional de Analistas Transacionais – Unat-Brasil; em Coordenação de Processos Grupais pela Sociedade Brasileira de Dinâmica dos Grupos – SBDG; e em *Coaching* Executivo pela Associação Brasileira de *Coaching* Executivo e Empresarial – Abracem. É qualificada para a utilização das ferramentas MBTI – *Myers Briggs Type Indicator* e *Hogan Assessment Systems*, empregadas para avaliação de personalidade, *assessment*, *coaching* e desenvolvimento de pessoas nas organizações. Foi membro do Conselho Deliberativo da Associação Brasileira de Recursos Humanos do Paraná – ABRH-PR, gestão 2004/2005.

Atuou em empresas de médio e grande porte nos segmentos de serviços e indústria, na coordenação de Recrutamento e Seleção, Avaliação de Potencial, Benefícios e Treinamento e Desenvolvimento. Durante 12 anos foi sócia-diretora da Human Talents Consulting e atuou em consultoria em programas educacionais e comportamentais, além de ter concebido e ministrado, em empresas nacionais e multinacionais, programas de desenvolvimento interpessoal, fortalecimento de equipes e liderança, formação de facilitadores de grupo, *team building*, times de alta *performance* e *coaching* de carreira para executivos. Exerceu atividades como facilitadora do Serviço Brasileiro de Apoio às Micro e Pequenas Empresas no Paraná – Sebrae-PR, no período de 2000 a 2010, nas áreas de empreendedorismo, liderança, desenvolvimento de equipes, administração de conflitos, negociação, cidadania, capacitação de professores, educação e cidadania. Atuou, ainda, no Programa de Capacitação de Gestores pela Secretaria de Educação do Paraná em parceria com o Instituto Rubens Portugal e também como facilitadora do Projeto de Agentes Locais de Inovação pelo Sebrae Nacional nos Estados do Paraná, Espírito Santo, Rio Grande do Sul, Pernambuco, Pará, Goiás, Ceará, Sergipe e Paraíba e como facilitadora da Universidade da Indústria – Unindus em curso de capacitação empresarial.

Atualmente, é professora em cursos de graduação e pós-graduação, tutora, orientadora e avaliadora do Grupo Uninter e diretora de Recursos Humanos da Rede de Hotéis Deville.

Introdução

Nesta primeira parte do livro, nossa intenção é olhar de forma singular o ambiente organizacional e convidá-lo a fazer algumas reflexões que possam contribuir com o crescimento das empresas, com a melhoria das relações e da forma de gestão, mas, principalmente, com o seu próprio crescimento, de modo que você possa, quem sabe, promover e estimular o desenvolvimento daqueles com quem compartilha uma rotina de trabalho.

Com os conteúdos aqui desenvolvidos, temos como principais objetivos: analisar os desafios do gerente na atualidade e as competências necessárias para a gestão de equipes no trabalho; promover o desenvolvimento de competências que permitam a compreensão e a mudança de atitudes no exercício da liderança nas organizações; desenvolver e preparar líderes para a criação de uma gestão mais integrada e para a obtenção de melhores resultados nas organizações; estimular uma visão crítica e propiciar reflexões que possibilitem a compreensão das variáveis que impulsionam ou restringem o processo da gestão e da necessidade de desenvolver a autonomia, o trabalho em equipe e a corresponsabilidade.

Entendemos que só haverá mudança a partir do momento em que os gestores tiverem ações efetivas. Não basta conhecer, entender e compreender os processos organizacionais, não basta ter conhecimento técnico; a diferença está no agir de cada um.

Esta parte do livro, dividida em seis capítulos, foi desenvolvida para incentivar e facilitar o seu aprendizado e deve servir de orientação para a ampliação de seus conhecimentos e para a busca de novas informações que possam complementar esta leitura.

No primeiro capítulo, abordamos o ambiente da organização e as variáveis que nele interferem, procurando enfatizar o autoconhecimento e a inteligência emocional como ferramentas de gestão.

No segundo e terceiro capítulos, tratamos da administração das necessidades e diferenças individuais na equipe de trabalho e do processo de comunicação como ferramenta de gestão, enfocando aspectos como a confiança, a comunicação interpessoal e o processo de dar e receber *feedback*.

No quarto capítulo, você é convidado a conhecer o conceito, as características e as vantagens do trabalho em equipe e também a examinar o papel do gestor no desenvolvimento de seus colaboradores.

No quinto capítulo, colocamos sob análise os estilos de liderança e as consequências desse fator na gestão organizacional.

No sexto e último capítulo, abordamos o processo decisório, o gerenciamento de conflitos e a importância do líder na transformação do ambiente organizacional por meio de suas atitudes.

1

A inteligência emocional e o autoconhecimento como ferramentas de gestão

> Não basta ensinar ao homem uma especialidade. Porque se tornará assim uma máquina utilizável, mas não uma personalidade. É necessário que adquira um sentimento, um senso prático daquilo que vale a pena ser empreendido. Deve aprender a compreender as motivações dos homens, suas quimeras e suas angústias para determinar com exatidão seu lugar exato em relação a seus próximos e à comunidade.
>
> Jorge Thums, 1999, p. 93.

Abordaremos, neste capítulo, aspectos comportamentais que interferem no ambiente organizacional e que podem contribuir para facilitar ou dificultar as relações e, consequentemente, o processo de gestão. Na maioria das vezes, os gestores acreditam que o conhecimento técnico é o mais importante, porém não podemos falar de ambiente e de gestão sem antes entendermos o indivíduo. A organização é formada pelas pessoas, e cada uma traz consigo suas experiências, emoções e visão de mundo, aspectos com base nos quais assume diferentes papéis, estabelece relações e obtém resultados em sua vida pessoal e laboral. Embora muitos profissionais ainda hoje considerem a necessidade de autoconhecimento e desenvolvimento pessoal como um fator de menor importância e privilegiem o conhecimento técnico, podemos observar, na prática, que aqueles indivíduos que entendem que a compreensão do outro se dá a partir da compreensão de si mesmo e que isso contribui significativamente para a melhoria das relações interpessoais, para o conhecimento da dinâmica dos grupos e, consequentemente, para uma tomada de decisão mais consistente tendem a obter melhores resultados com suas equipes.

O gestor de uma organização, para ter sucesso, não pode negligenciar seu autoconhecimento; ao contrário, precisa ter consciência de seus pontos fortes e fracos, dos seus objetivos e assumir uma postura de eterno aprendiz.

Ao final deste capítulo, você deverá ser capaz de refletir sobre seus pontos fortes e fracos e compreender o perfil do gestor, suas principais características e a interferência das emoções nas relações interpessoais.

1.1
Um breve olhar sobre a organização

As transformações no mundo são cada vez mais repentinas e amplas e, por vezes, é difícil compreender o que as motiva. Essas mudanças acabam por afetar os indivíduos, o trabalho, as organizações e a sociedade. A história da organização do trabalho e da vida social é feita de uma sequência constante de mudanças. As empresas já adotaram modelos mecanicistas, passaram por modelos que enfatizam as relações humanas e, atualmente, discutem-se a organização que aprende e a inovação sustentada.

Ao gestor cabe o desafio de formar, manter e desenvolver uma equipe que seja comprometida, que assuma a responsabilidade pelos resultados obtidos na organização. Para isso, deve fazer uma análise crítica e aceitar ações que algumas vezes exigem reflexão e um repensar de atitudes internas, como no caso da necessidade de dar e receber *feedbacks* de sua equipe e de seus pares, de fazer uma revisão das formas de trabalho e uma redução de custos. Além disso, deve ter sempre presente o fato de que um líder/gestor está continuamente em evidência, sendo observado pela sua equipe e, para merecer credibilidade e confiança, precisa ser coerente em seu discurso e ação.

Mas como constituir uma equipe coesa, comprometida, responsável? O líder deve ter a capacidade de mobilizar as pessoas por meio de sua **credibilidade**, de sua capacidade de **inovação** e **visão**. Ele precisa assumir-se como aprendiz e investir em si mesmo.

É imprescindível que o gestor tenha consistência nas propostas de trabalho, proporcione segurança à sua equipe, deixe claros os objetivos que deseja atingir e, acima de tudo, mostre que dará respaldo sempre que necessário, pois só assim as pessoas terão segurança para desenvolver o seu trabalho.

O líder precisa aproximar-se de sua equipe, entendê-la, saber conduzi-la, conhecer suas necessidades, mas, para que isso aconteça, é necessário que tenha consciência da importância de estar em constante desenvolvimento. É fundamental explorar novas competências pessoais e interpessoais, pois é a sua postura que vai despertar e mobilizar toda a equipe. Espera-se desse gestor que tenha criatividade, capacidade de inovar, percepção do macro, agilidade na resolução dos problemas e comunicação eficiente, bem como que promova um trabalho efetivo em equipe.

É o desenvolvimento pessoal de cada integrante da equipe que contribui para o sucesso da organização. Trata-se de uma ação que, embora não facilmente, é possível de ser promovida, desde que haja um ambiente seguro, no qual as pessoas tenham construído relações de confiança. Para Mirza Laranja (2004), uma estudiosa da liderança, a valorização e o investimento no capital humano, a autonomia e a responsabilidade dos profissionais são fundamentais, mas cabe ao líder organizar, articular e mobilizar os processos que envolvem a gestão.

A organização, segundo Fineman (2000), constitui-se numa arena em que os atores precisam ter consciência de seus papéis e, nesse caso, compreender a si mesmo e aos outros é fundamental. Se nas relações interpessoais podem surgir conflitos que perduram e podem comprometer emocionalmente a equipe, da mesma forma é importante refletir sobre a relação gestor-equipe, que pode sofrer muitas interferências. Vamos tratar, então, primeiramente do autoconhecimento.

Compreender-se para compreender o outro

Ouvimos constantemente que somos únicos, que as diferenças são importantes e ricas, porém nas organizações é frequente que se esperem dos indivíduos as mesmas percepções, sentimentos, pensamentos e ações, ou seja, que as pessoas sejam iguais, como se isso fosse possível. Muitas vezes, desconsideram-se as diferenças, e a pressão pela igualdade é tão forte que os profissionais ou se deixam "convencer", ou se desligam das empresas pelo sentimento de insatisfação ou até de inutilidade. De acordo com Moscovici (1982, p. 114),

> em pesquisas psicossociais e observações informais do dia a dia, destacam-se as dificuldades de comunicação e de relacionamento entre as pessoas com síndrome de carência afetiva e necessidades sociais não satisfeitas. A massificação crescente do indivíduo conduz à relação eu-isto, de sujeito-objeto [...], dificultando ou até impossibilitando o verdadeiro encontro eu-tu de pessoa a pessoa.

Hoje, viver é um desafio intelectual e emocional permanente para todos, e o autoconhecimento, a percepção de si mesmo e do outro passam a ser uma necessidade. Para ser um gestor bem-sucedido, é indispensável ter compreensão de si, mas também dos outros, perceber e entender que cada indivíduo da equipe é único, tem habilidades, necessidades e interesses diferentes, além de reagir de formas diversas diante de diferentes situações. Como gestor, você deve identificar e entender os aspectos comuns e os aspectos divergentes dentro de sua equipe, bem como o impacto destes no relacionamento das pessoas. Atualmente, com a discussão sobre a geração Y, algumas organizações começam a repensar seu estilo de gestão.

Mas é provável que, neste momento, você possa estar se perguntando qual a importância disso; afinal, o gestor tem outras questões com que se preocupar. Então, convido você que quer ser um verdadeiro gestor a refletir comigo: Qual é o lugar do indivíduo na sociedade e na organização? Ora, o sujeito deve ser o foco principal da sociedade e da empresa, sendo que, quanto mais tiver consciência de si mesmo, de suas emoções e de suas atitudes em suas vivências diárias e diante de seu grupo de trabalho, mais facilmente poderá atingir melhores resultados pessoais e profissionais. Convido-o a mais uma reflexão, agora, sobre o autoconhecimento. Você já parou para pensar nisso? Qual é a sua postura em relação às pessoas, aos grupos? Como você os vê? E como vê a si mesmo? Isso interfere diretamente na relação que você estabelece com o mundo, ou seja, em como você se posiciona em relação a si mesmo, aos outros e à sociedade.

Para desenvolver essas reflexões, buscamos apoio em algumas das ideias de Eric Berne, um psiquiatra canadense que criou uma teoria chamada *análise transacional*, com o objetivo de compreender o comportamento das pessoas. Berne (1998) afirma que, de acordo com a educação recebida, com as experiências e a forma como as pessoas são tratadas nos primeiros anos de vida, estas desenvolvem uma maneira de ver a si mesmas e aos outros, de valorizar-se ou desvalorizar-se, de valorizar ou desvalorizar os outros. Com base nisso, elas desenvolvem uma autoimagem e uma imagem dos outros que podem ser positivas ou negativas. Tudo isso influencia os relacionamentos que desenvolvem e a interpretação do que acontece à sua volta. É esse o assunto que desenvolveremos a seguir.

Autoimagem e autoconhecimento

A **autoestima** é o sentido de valor próprio, de acordo com a autoimagem de um indivíduo, isto é, o modo como ele se vê. O **autoconhecimento** é importante para identificarmos nossas capacidades, limitações, características físicas, pessoais e emocionais e, dessa forma, termos mais clareza quanto à nossa **autoimagem**, pois cada indivíduo tem uma imagem de si próprio que nem sempre corresponde à realidade.

Essa autoimagem pode ser real ou distorcida. A **autoimagem distorcida** pode ser elevada ou rebaixada. Na elevada, o sujeito tende a superestimar-se e, com isso, não tem consciência de si e perde a oportunidade de desenvolver-se. Na sua visão, é o melhor em tudo o que faz, não ouve nem aceita *feedbacks*. Nessa perspectiva, o outro não tem razão nem condições para perceber ou opinar porque está numa posição inferior. É com base nessa visão que o indivíduo com uma autoimagem elevada estabelece suas relações. Por outro lado, na autoimagem rebaixada, o indivíduo não tem consciência de seus pontos fortes, enfatiza apenas os pontos negativos, sua autoestima é muito baixa e ele perde oportunidades de desenvolvimento.

Figura 1 – Representação da autoimagem do indivíduo

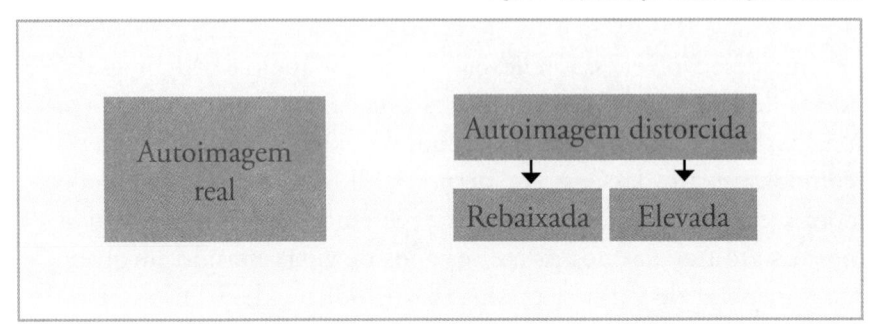

```
Autoimagem        Autoimagem distorcida
   real              ↓            ↓
                 Rebaixada     Elevada
```

A construção de uma **autoimagem real** requer autoconhecimento, que é primordial. Existe a receptividade a opiniões que contribuem para a consciência das próprias capacidades, da consciência do próprio valor de forma realística, mas também das limitações e das possibilidades de mudança pessoal. Estar em constante desenvolvimento significa valorizar o aprendizado contínuo e realizar autoavaliações a respeito de como é o relacionamento com os outros e das consequências que disso advêm. Com essa postura, é possível desenvolver confiança, parceria, com possibilidades de compartilhamento de ações, sentimentos e reflexões.

O gestor que desenvolve essa competência é capaz de aprender com a experiência, valorizar a si e aos outros e desenvolver uma atitude e um olhar de aprendiz. Para compreender um pouco mais sobre esse assunto, é importante conhecer alguns aspectos de uma ferramenta amplamente utilizada para auxiliar no autoconhecimento e no conhecimento do outro. Trata-se do MBTI – *Myers-Briggs Type Indicator* (Indicador de Tipo Myers-Briggs), elaborado com base na teoria de Carl Jung por duas americanas, Isabel Briggs Myers e Katherine Cook Briggs. Em sua obra *Tipos psicológicos*, Jung (1974, p. 553) trata da diversidade entre as pessoas e ressalta que temos tendências, que se manifestam nas diferentes aspirações à felicidade, enfatizando que nenhum indivíduo é igual ao outro no que se refere a julgar ou perceber.

O MBTI se constitui em um instrumento que contribui para a ampliação do autoconhecimento. A combinação das 8 preferências ou tendências, que são identificadas por letras – Introversão (I), Extroversão (E), Sensação (S), Intuição (N), Pensamento (T), Sentimento (F), Percepção (P) e Julgamento (J) –, resultou nos 16 tipos psicológicos, descritos na obra *Ser humano é ser diferente: valorizando as pessoas por seus dons especiais* (Myers; Myers, 1997). Esse instrumento nos dá a oportunidade de entender melhor as diferenças individuais e, com isso, contribui para a melhoria da comunicação, além de oferecer ao líder a possibilidade de desenvolvimento, fortalecimento e conhecimento de sua equipe.

Compreendendo as diferenças individuais de forma construtiva[1]

Embora o discurso nas organizações, muitas vezes, seja o de que é importante valorizar as diferenças, na prática ainda encontramos gestores buscando pessoas com um mesmo perfil para formar sua equipe. Isso ocorre porque é mais fácil gerenciar quando não há discordâncias, porém, dessa forma, corre-se o risco de haver acomodação. As diferenças enriquecem as equipes e oferecem novas perspectivas sobre diferentes situações e problemas.

Na busca pela compreensão das diferenças individuais, o MBTI nos permite ter uma visão mais clara dos comportamentos evidenciados pelos indivíduos na sua prática diária e por isso tem sido utilizado em pequenas, médias e grandes empresas, instituições educacionais e de saúde. O instrumento descreve **perfis psicológicos** que indicam as preferências dos indivíduos. Vamos entender um pouco desses perfis, para perceber as diferenças e como podem ser enriquecedoras. Na medida em que é possível compreender o motivo que leva o outro a agir de determinada forma, fica mais fácil aceitar tais comportamentos, desde que, claro, haja vontade e disposição.

Na teoria dos tipos psicológicos, quem tem preferência Extroversão pode pensar que aquele que tem preferência Introversão está

---

1 Esta seção foi elaborada com base em Myers e Myers (1997).

guardando informações, embora, na verdade, esteja processando-as. Quem apresenta preferência Introversão pode pensar que aquele que manifesta preferência Extroversão está mudando de opinião, quando, de fato, está processando uma decisão verbalmente.

Quem demonstra preferência Sensação pode pensar que aquele que apresenta preferência Intuição está mudando de assunto, mas, na verdade, está formulando possibilidades. Quem tem preferência Intuição pode pensar que quem manifesta preferência Sensação não tem imaginação, quando, de fato, está sendo realista sobre assuntos práticos.

Os indivíduos com preferência Pensamento podem pensar que aqueles que apresentam preferência Sentimento estão personalizando exageradamente os acontecimentos e as ações, mas, na verdade, estão focalizando os impactos causados nos indivíduos. Aqueles que manifestam preferência Sentimento podem pensar que aqueles que demonstram preferência Pensamento estão sendo severos e frios, embora, de fato, tenham ponto de vista bastante neutro em relação a soluções de problemas.

Aqueles que apresentam preferência Julgamento podem achar que os indivíduos com preferência Percepção são preguiçosos ou que estão adiando um assunto, quando, na verdade, estão tentando se manter abertos para novas opções. Quem manifesta preferência Percepção pode pensar que quem apresenta preferência Julgamento é rígido e controlador, mas, realmente, está estruturando e programando as suas informações e ações.

A compreensão desses fatores pode ajudar o gestor a utilizar as diferenças de forma construtiva. Embora todos possam desenvolver-se em suas áreas não preferenciais, é importante saber que uma visão mais clara do futuro vem da Intuição, o realismo mais prático, da Sensação, as análises mais incisivas, do Pensamento e uma melhor compreensão e um melhor relacionamento com as pessoas, do Sentimento, ou seja, os tipos opostos se complementam.

As combinações entre Julgamento (Pensamento ou Sentimento) e sua orientação em relação ao mundo exterior (Julgamento ou

Percepção) influenciam na maneira como o gestor supervisiona as pessoas e também em seu estilo de liderança preferido. As combinações entre Percepção (como uma pessoa recebe as informações, Sensação ou Intuição) e Julgamento (como uma pessoa toma decisões, Pensamento ou Sentimento) influenciam naquilo em que um indivíduo se concentra, em sua carreira e escolhas.

Compreender os pontos fortes e fracos desenvolvidos por pessoas com preferências diferentes é um dos maiores benefícios da teoria dos tipos psicológicos e do MBTI. Tomar consciência dos preconceitos em relação àqueles que têm preferências opostas pode contribuir para a melhoria dos relacionamentos. Esses preconceitos podem surgir porque o indivíduo não compreende as perspectivas alheias e fica irritado ou ofendido quando os outros não compreendem as suas. A melhoria das relações ocorre quando as pessoas entendem que os tipos opostos se complementam. Para que isso ocorra, o primeiro passo é cada um entender e compreender o seu tipo psicológico, os seus pontos fortes, as suas limitações, as suas características, as suas emoções.

Ao falarmos das emoções, não podemos deixar de falar também da razão, nosso próximo assunto, que inicia com um questionamento comum, principalmente no ambiente organizacional.

1.2
Razão ou emoção?

O questionamento acerca da oposição entre razão e emoção é constante, como se pudéssemos excluir um ou outro fator de nossa vida e, principalmente, da organização. As empresas tendem a oprimir e desqualificar as emoções e, principalmente, a expressão destas. Nessa perspectiva, a compreensão da realidade organizacional é reduzida àquilo que é objetivo, concreto, mensurável, e as dimensões subjetivas, afetivas são ignoradas. Essa visão restritiva ainda predomina em muitos ambientes organizacionais, o que pode resultar na apatia e desmotivação presentes nesses espaços.

Estudiosos já apontam as emoções como pontos diferenciais de transformação do ambiente organizacional. Obras como as de Daniel Goleman (1995), Stephen Fineman (2000) e Agnes Heller (1982) nos mostram a importância dos aspectos emocionais no contexto das organizações. As discussões, propostas neste livro, sobre emoções nas organizações terão suporte nas abordagens dos autores citados e na investigação desenvolvida em uma empresa catarinense intitulado *Emoções no grupo de trabalho: um estudo de história oral* (Schmidt, 2006). As emoções permeiam todos os demais aspectos discutidos neste livro, desde o autoconhecimento, passando pelo processo comunicacional, pelo trabalho em equipe e pela tomada de decisão, até o gerenciamento de conflitos e a liderança.

Em qualquer ambiente, seja ele organizacional ou não, o fato de não expressar as emoções pode levar o indivíduo a sentir-se mal. A tristeza e a frustração se manifestam por vários motivos em um grupo, como a percepção de que não se consegue atingir as metas, ou a percepção de que não se faz aquilo que se gostaria de fazer, ou até mesmo o sentimento de que não se é aceito e não se recebe o reconhecimento esperado.

A presença das emoções no ambiente das organizações

A importância de nossas emoções é evidente pois, segundo Goleman (1995), elas desempenham um papel essencial na gestão e envolvem competências pessoais (como o indivíduo administra a si mesmo) e sociais (como ele lida com relacionamentos).

Em estudos sobre a presença e o impacto das emoções nas empresas, foi possível concluir que, quando se fala em emoções, parece existir uma tendência a desqualificar os sentimentos e negar sua importância no contexto das organizações. Para transitar pelo caminho dos sentimentos e das emoções no cenário organizacional – que é tido como o lugar da razão –, faz-se necessário admitir a **inter--relação entre emoção e razão**. Todo sistema racional tem um fundamento emocional, de acordo com autores como Fineman (2000),

Gondim e Siqueira (2004) e outros. Porém, fazemos parte de uma cultura que dá à razão uma validade superior e àquilo que deriva de nossas emoções um caráter arbitrário. Em decorrência desse pensamento, é difícil aceitarmos o aspecto emocional da razão. As emoções, conforme Davel e Vergara (2001), dão suporte ao processo de relacionamento interpessoal e é com base nelas que os agentes se estabelecem como sujeitos. Não podemos, portanto, abstrair a dimensão emocional da ação para compreendermos as relações e a construção do indivíduo como sujeito. É fundamental conhecermos os nossos sentimentos em relação às coisas, às situações e às pessoas, ou seja, o que sentimos, como sentimos e por que sentimos. Para Thums, citado por Schmidt (2006), é vital conhecermos o ambiente, as pessoas do nosso convívio, com as quais compartilhamos os piores e os melhores momentos de nossa vida, com quem dividimos nossas angústias, incertezas e impotência para compreender certos fatos e fenômenos existenciais.

Enfim, há necessidade, em primeiro lugar, de nos compreendermos como pessoas para compreendermos o outro. E é a partir dessa compreensão que o líder irá estabelecer sua forma de comunicação, de condução de sua equipe para atingir resultados dentro da organização. Abordaremos esses aspectos no próximo capítulo.

Indicação cultural

O DIABO veste Prada. Direção: David Frankel. Produção: Wendy Finerman. EUA: 20th Century Fox Film, 2006. 109 min.

Por meio desse filme, é possível refletir sobre aspectos como objetivos pessoais, estilo de liderança, entrevista de seleção, determinação, objetivos profissionais e perfil individual.

Depois de assistir ao filme, correlacione-o à leitura realizada e compare as situações enfocadas com a sua realidade profissional, identificando o que você pode aprender com ele.

2

O processo de comunicação como ferramenta de gestão

Neste capítulo, vamos discutir o processo de comunicação, sua evolução e como ele se configura. Faz-se necessário compreendermos como a comunicação permeia os acontecimentos no ambiente organizacional; sem ela, as relações não acontecem. Em contraposição, o processo de comunicação pode ser um elemento que torna mais difíceis não só as relações, mas também os resultados obtidos com a equipe. Para o gestor, entender como ocorre esse processo e que fatores nele interferem positiva ou negativamente é primordial.

Frequentemente, ouvimos que informação é poder e, portanto, aquele que detém conhecimento tem mais poder e, por que não dizer, pode também ter mais autoridade, pois aquele que conhece é capaz de defender, com maior consistência, seus pontos de vista. Contudo, conhecer não garante a qualidade na comunicação. Muitas vezes encontramos pessoas com alto nível de conhecimento, mas que não são capazes de transmitir com clareza tudo o que sabem. A comunicação ainda é um ponto crítico no que se refere à busca pelo alcance da excelência na maioria das organizações.

Ao final deste capítulo, você deverá ser capaz de identificar comportamentos produtivos e improdutivos presentes no processo de comunicação, perceber a importância da comunicação como ferramenta de gestão e entender como estimular os comportamentos produtivos.

2.1

O processo de comunicação

Não se discute que em um mundo competitivo é preciso ter competência técnica, saber desempenhar bem as funções, mas essa qualidade ganha mais destaque quando está aliada à competência comportamental e emocional, que inclui a capacidade de manter relações interpessoais mais produtivas. Afinal, todo indivíduo ou grupo quer transmitir suas ideias de forma clara, gosta de ser ouvido com interesse e com respeito, quer ser aceito no ambiente em que desempenha suas atividades e no qual convive com outras pessoas.

Quando nos comunicamos e somos entendidos, mostramos ao outro quem e como somos, processo que contribui para mostrarmos nosso lado mais autêntico. O objetivo da comunicação é o **reconhecimento** e a **aceitação**, a **compreensão de nós mesmos** a partir das informações que o outro nos revela, porque é o outro que nos dá pistas para desvendarmos um lado de nossa personalidade, de nossa forma de agir, que muitas vezes não enxergamos.

Comunicar-se é uma necessidade das pessoas, e é a nossa forma de comunicação que nos permite deixar a nossa marca e determinar o nosso espaço nas relações com os outros indivíduos, com os grupos.

Figura 2 – O impacto da comunicação

O termo *comunicação* é muito utilizado, mas você já pensou na origem dele? *Comunicação* se origina de *comunicare*, do latim, e seu significado remete à noção de que aquilo que foi dito ou escrito foi compreendido por todos os envolvidos na interação. Sabe-se que, em primeiro lugar, o homem fez uso dos símbolos e dos sinais para comunicar-se. Posteriormente, vieram a linguagem oral, a escrita e, com Gutenberg, que inventou a prensa, a impressão. Hoje é possível nos comunicarmos via satélite, sendo o ensino a distância (EaD) a mais clara demonstração dessa possibilidade.

Comunicar-se significa compreender e compartilhar informações. A maneira como as pessoas realizam essa troca influencia o comportamento de todos os participantes desse processo. Essa comunicação pode ser feita de forma oral, escrita ou não verbal, por meio de manifestações que se dão a partir dos comportamentos evidenciados nas relações interpessoais e de grupo. Por exemplo, muitas vezes o indivíduo fala algo, mas o seu comportamento não verbal demonstra o contrário do que está dizendo. Porém, com frequência, esses comportamentos não verbais nem são percebidos pelo emissor e por isso geram confusão no receptor. São essas mensagens que confundem e resultam em falta de clareza na comunicação.

As diferenças individuais trazem impacto significativo no processo comunicacional. Podemos afirmar que, na comunicação interpessoal, a maior dificuldade é compreender, tomar consciência e aceitar que o outro não é igual, ou seja, o receptor não é igual ao emissor. Portanto, este tem pensamentos, opiniões, percepções e sentimentos diferentes daquele que está na posição de emissor. Não é possível saber o que o outro pensa, sente ou percebe. Nesse aspecto é que surgem as dificuldades, pois aqueles indivíduos que apenas olham para si mesmos e acreditam que o outro pensa e sente da mesma forma enxergam o outro como um prolongamento de si mesmos. Devido a essa visão errônea, muitos mal-entendidos acontecem e resultam na expectativa de que as pessoas entenderão tudo exatamente como se fala. Na maioria das vezes, quem comunica esquece que as pessoas são diferentes e que existem muitos outros fatores que interferem no processo comunicacional.

Competências interpessoais e comunicação

Segundo Argyle (1976), a habilidade em lidar de forma eficaz com as relações interpessoais no cotidiano é o que define a **competência interpessoal**, que depende de três critérios: percepção aguçada, habilidade na resolução de problemas interpessoais de modo produtivo e identificação de uma solução que permita que as pessoas permaneçam desenvolvendo suas atividades profissionais de forma eficiente.

Estudiosos como Moscovici (1997) e Berne (1988) afirmam que, quanto maiores a autoconsciência e a capacidade do indivíduo de aceitar-se, maior será sua competência interpessoal, o que ocorre a partir do aumento de confiança no outro e em si mesmo. Consequentemente, a pessoa torna-se mais capaz de dar e receber *feedback*, ampliando-se, de forma significativa, suas possibilidades de desenvolvimento.

No processo de comunicação, entra em ação a **percepção**, que também pode facilitar ou dificultar as nossas relações e a forma como nos comunicamos. Mas o que é percepção? Podemos entender percepção como o processo pelo qual o indivíduo toma conhecimento do mundo externo. Perceber é trazer à consciência o que acontece à nossa volta e dentro de nós. Muitas vezes deixamos de perceber, devido ao automatismo das nossas ações e aos preconceitos, aquilo que nos faz definir as coisas antes de realmente vê-las e senti-las.

Perceber é interpretar a realidade com base nos próprios referenciais internos. Cada um percebe o que é mais significante para si, de acordo com suas experiências e seus valores. O que é evidente para um pode não ser para outro. O mesmo estímulo provoca percepções e reações diferentes nas pessoas. O processo de percepção inclui os sentidos (audição, visão, tato, olfato e paladar) dirigidos ao mundo externo, a fatos, pessoas e objetos. A autopercepção é a maneira como acreditamos que seja nossa expressão verbal e corporal, nossa fisionomia, nosso modo de andar.

Interferências na comunicação interpessoal

A comunicação nada mais é do que compartilhar ideias, informações, sentimentos, estabelecendo-se um diálogo com o outro. É o diálogo, construído entre o emissor e o receptor, que possibilita a comunicação efetiva.

Ao ser transferida, a informação precisa ser compreendida pela pessoa que a recebe. A informação está contida no processo da comunicação. Comunicar-se, então, é manter uma ponte de compreensão entre quem comunica e quem recebe a informação, de forma que possam compartilhar sentimentos e informações. É por meio dessa ponte que o indivíduo transmite suas ideias, fatos, pensamentos, sentimentos e valores às outras pessoas.

No processo de comunicação temos também um outro componente significativo, que é o meio ou mídia, responsável por levar as ideias ao receptor. Então, fazem parte do processo comunicacional: a mensagem (a ideia expressa), a fonte (o emissor), o meio ou mídia (que transporta a ideia até o receptor) e o receptor (que recebe a mensagem).

Embora em tempos atuais tenhamos à nossa disposição uma maior quantidade de canais de comunicação, a qualidade dos relacionamentos sofre uma queda significativa. Muitas vezes indivíduos que trabalham numa mesma sala preferem enviar um *e-mail* a ir até a mesa do colega para conversar sobre determinado assunto (Marchiori, 1999; Moscovici, 1997; Cohen; Fink, 2003; Robbins, 1998; Stoner; Freeman, 1995).

Com tanta tecnologia disponível, é preciso atentar para a importância da escolha do veículo ao transmitir uma mensagem. Essa escolha pode significar a efetividade ou não do processo de comunicação. É preciso considerar a mensagem a ser transmitida e a quem ela deve atingir. No mundo corporativo, podemos observar que em algumas situações a escolha inadequada do veículo, além de gerar problemas na comunicação, pode ainda dificultar as relações interpessoais e a conquista de objetivos. Não podemos esquecer que existem ainda outras interferências na comunicação, é o chamado *ruído*.

São as mensagens de duplo sentido, as gírias, os cacoetes, que dificultam a compreensão clara da mensagem transmitida.

Outro ponto a ser considerado é a **comunicação não verbal**, que influencia significativamente o processo comunicacional, podendo valorizar ou alterar a mensagem enviada. Marchiori (1999) afirma que o silêncio pode ter diferentes significados e é parte do processo de comunicação. Um aspecto que costumo comentar nas organizações em que desenvolvo programas com líderes e suas equipes é que o silêncio é um dos maiores indicativos de que as coisas não estão bem. Na maioria das vezes, quem cala não concorda e não consente, e ainda pode sabotar alguns processos. Alguns gestores tomam o silêncio como concordância e correm sérios riscos de comprometer projetos e metas. É necessário ter sensibilidade e disposição para ouvir efetivamente a equipe e propiciar espaço para a participação, o que implica ter competência.

Fatores como o estado físico e/ou emocional, palavras de duplo sentido, escolha inadequada do meio, dificuldade de expressão, timidez, nível de interesse pelo que está sendo transmitido, excesso de intermediários, presença de preconceitos, medo de expressar opiniões interferem diretamente no processo de comunicação. Nessa perspectiva, quanto maior o autoconhecimento, maiores as condições de compreendermos e minimizarmos essas interferências (Marchiori, 1999).

Ao nos comunicarmos com os outros, somos ora emissores, ora receptores; não devemos, portanto, esquecer que é a possibilidade de vivenciar os dois papéis que permite a dinâmica na comunicação, dando origem aos diálogos. Por meio do comportamento e das palavras, podemos identificar as pessoas, as quais nos dão sinais verbais e não verbais. Considerando as diversas teorias de comunicação e de relacionamento humano (Alberti; Emmons, 1983; Mortensen, 1979; Smith, 1975; Bowditch; Buono, 1992; Ruggiero, 2002), podemos concluir que a comunicação e o comportamento humano podem ser agrupados em três categorias básicas:

1. **Passividade** – O indivíduo demonstra dificuldade de expressar sentimentos, ideias, percepções; não se posiciona.

2. **Agressividade** – O indivíduo não considera o outro, desrespeita a si e ao outro, gera resistência e sentimentos negativos, dificultando a comunicação, as relações e, por consequência, impactando negativamente nos objetivos a serem atingidos.
3. **Assertividade** – É a alternativa mais adequada para o indivíduo dizer o que é necessário sem ser agressivo nem passivo; ele considera e respeita o outro e a si próprio. É a forma de comunicação que pode trazer maior colaboração entre as partes envolvidas.

A comunicação não verbal tem um impacto significativo nas relações interpessoais. Com frequência, os indivíduos não percebem sua postura, seu tom de voz e, com isso, não compreendem como o outro dá respostas inesperadas. Nós somos responsáveis pelo que acontece no processo de comunicação, pois podemos escolher responder de forma assertiva ou agressiva. O que mais presenciamos nos vários ambientes é que, se o indivíduo se comunica de forma agressiva, a resposta do outro tende a ser agressiva ou então passiva, porque essa resposta depende também da autoimagem. Vamos entender melhor esse assunto ao longo dos próximos capítulos.

Indicação cultural

ALICE no País das Maravilhas. Direção: Tim Burton. Produção: Tim Burton, Joe Roth, Jennifer Todd, Suzanne Todd e Richard D. Zanuck. EUA: Buena Vista International, 2010. 108 min.

Procure prestar atenção particularmente ao diálogo entre a Alice e o Chapeleiro Maluco durante o chá, observando a comunicação utilizada. Depois de assistir ao filme, liste as formas de comunicação verbais e não verbais que conseguir identificar.

3

A administração das necessidades e diferenças individuais na equipe de trabalho e o processo de comunicação

Neste capítulo, vamos dar continuidade ao estudo do processo de comunicação, mostrando o impacto da comunicação não verbal nas relações interpessoais e discutindo, ainda, o *feedback* como ferramenta de gestão. No processo de comunicação, é importante perceber que aspectos individuais podem interferir na forma como estabelecemos diálogos com o outro. Algumas vezes comunicamos mais pelos aspectos não verbais, mas, como não nos percebemos, não entendemos algumas reações das outras pessoas à nossa postura. O *feedback* pode contribuir significativamente para que haja maior compreensão desses aspectos, mas, para tanto, é necessário que haja um ambiente e relações de confiança. Vamos, então, saber um pouco mais sobre esse tema.

Ao final deste capítulo, você deverá ser capaz de compreender o processo de comunicação e identificar posturas, sinais não verbais e outros possíveis aspectos que interferem na comunicação.

3.1

Comunicação não verbal

Por mais que se fale da importância da comunicação não verbal, a maioria das pessoas não percebe sua própria postura, seu tom de voz, seus gestos, quando está frente a frente com seu interlocutor.

Você já parou para pensar nisso e refletir sobre a sua postura, seja na condição de emissor, seja na condição de receptor?

Várias vezes você já deve ter observado a incoerência entre o que estava sendo dito por meio das palavras e o expresso por meio dos gestos. Ou ainda, em resposta a alguma colocação, talvez você, sem perceber, tenha manifestado a sua não aceitação por meio de gestos, posturas ou atitudes.

Isso é muito mais comum do que podemos imaginar. É necessário que o emissor tenha uma boa percepção de si mesmo, para que possa transmitir o que quer de forma clara, assim como o receptor deve ter a capacidade de perceber como recebe a informação. São esses aspectos que contribuem para uma comunicação mais eficiente.

Algumas pesquisas apontam a importância da comunicação não verbal, sintetizando o impacto da mensagem emitida no ouvinte (Rector; Trinta, 1985). As informações emitidas não verbalmente têm maior relevância do que as informações verbais, ou seja, do que as palavras. Rector e Trinta (1985) ressaltam que 55% da comunicação presencial se dá por meio da expressão corporal, gestual e facial, enquanto 38% se refere ao tom e à inflexão de voz, ou seja, o que o indivíduo fala impacta somente em 7%.

Argyle (1976), um estudioso do comportamento social, destaca a relevância tanto da interação verbal quanto da não verbal no processo de comunicação e chama a atenção para **condições emocionais e físicas dos envolvidos**, além dos **meios escolhidos** para a transmissão das mensagens. Todos esses aspectos podem produzir impactos, ruídos, distorções na mensagem enviada e na recepção desta. Por esse motivo, o gestor não pode ignorar a importância e os efeitos da comunicação não verbal na gestão.

Veja, no quadro a seguir, algumas informações que podem servir de referência para reflexões sobre como cada um se manifesta diante de outras pessoas.

Quadro 1 – Indicadores de comunicação não verbal

	Autoimagem distorcida para mais (elevada)	Autoimagem distorcida para menos (rebaixada)
Postura	Arrogante, desafiadora, provocante	Tensa, cabisbaixa, encolhida
Gestos	Bruscos, desconfiados	Tímidos, desajeitados, inseguros
Expressão facial	Irônica, de desprezo	Ansiosa, insegura, buscando aprovação, aceitação
Tom de voz	Cortante, agudo, agressivo	Baixo, pouco expressivo
Expressão verbal	"Não faça", "Vá você", "Faça você"	"Você que sabe", "Como você achar melhor"

Fonte: Adaptado de Krausz, 1999.

A forma como você se comunica define o tipo de relação que será estabelecida com o outro; portanto, você é 50% responsável pela continuidade de determinada postura.

Na teoria da análise transacional (Berne, 1988), podemos afirmar, de maneira simplificada para melhor compreensão, que, se nos percebemos como inferiores a alguém, a tendência é que nos mostremos mais submissos e passivos; se nos percebemos como superiores, a tendência é que sejamos mais impositivos, agressivos ao nos relacionarmos com os outros; porém, se temos consciência de nossas qualidades e limitações, não aceitamos que o outro nos agrida ou desvalorize, procuramos estabelecer relações de parceria, de crescimento mútuo.

De acordo com autores como Marchiori (1999) e Ruggiero (2002), a comunicação deve acontecer em conformidade com as circunstâncias, e cada situação é diferente: algumas vezes, a resposta passiva é mais apropriada; em outras, a agressiva é necessária e, quase sempre, a assertividade é fundamental. De acordo com os objetivos a serem atingidos, podemos utilizar duas formas de comunicação:

1. **Comunicação informativa** – É aquela que visa informar por meio de descrições, definições, demonstrações. Deve ser feita de forma objetiva e clara, para que garanta a compreensão da

mensagem para diferentes perfis de receptores. Não deve sofrer influência de opiniões pessoais, ou seja, deve ser factual.
2. **Comunicação persuasiva** – O objetivo é modificar a visão do receptor. Deve conter argumentações, sentimentos, experiências, sugestões, percepções, para atingir o receptor e provocar modificação de atitudes e comportamentos. A ênfase deve estar em para quem a mensagem será transmitida.

É comum ocorrer nas organizações uma má utilização dessas formas de comunicação. Esclarecendo melhor, podemos lembrar que muitas vezes vemos reuniões nas quais são comunicadas as decisões já tomadas e que, portanto, deveriam ter apenas caráter de informação, mas são convocadas como se fossem reuniões de decisões participativas. Essa utilização inadequada da comunicação pode gerar frustração, insatisfação e desmotivação dos colaboradores. Os gestores devem estar atentos a essas situações para que não gerem obstáculos na busca de resultados e processos de mudança.

3.2
Comunicação interna

A evolução tecnológica trouxe para a organização e para a comunicação uma série de possibilidades. Propiciou maior rapidez, agilidade, mas evidenciou dificuldades existentes nas equipes de trabalho, referentes não só à comunicação, mas também ao relacionamento interpessoal. Em contrapartida, aqueles indivíduos que já se mostravam competentes puderam aprimorar ainda mais seu desempenho, apoiados pela tecnologia. É preciso que as organizações entendam que esses processos dependem muito mais dos atores do que das tecnologias.

De acordo com Bowditch e Buono (1992), a **empatia** pode ser conceituada como a capacidade que a pessoa tem de se colocar no lugar do outro, isto é, de seu interlocutor. Essa capacidade contribui significativamente para a melhoria da comunicação interpessoal.

Aquele que é capaz de colocar-se no lugar do outro pode entender, com mais facilidade e clareza, que as equipes são constituídas por pessoas com características individuais diversas e, portanto, com motivações, interesses, objetivos e necessidades distintos. Pode compreender também que, quanto maior o conhecimento sobre as pessoas, maior poderá ser sua capacidade de planejamento para que o processo comunicacional atinja seus objetivos. Assim, se a linguagem utilizada for apropriada e adequada para cada público, a comunicação irá tornar-se uma ferramenta bastante produtiva e facilitadora.

> A comunicação efetiva só se estabelece em clima de verdade e autenticidade. Caso contrário, só haverá jogos de aparência, desperdício de tempo e, principalmente, uma "anticomunicação" no que é essencial/necessário. Porém, não basta assegurar que a comunicação ocorra. É preciso fazer com que o conteúdo seja efetivamente aprendido de forma clara para que as pessoas estejam em condições de usar o que é informado. (Ruggiero, 2002)

À medida que as pessoas estabelecem relações dentro de uma organização, os padrões de comportamento vão sendo definidos com base na comunicação dos valores, da visão, da missão da empresa. Para Schein (2001), a cultura é formada por experiências comuns de um grupo. Entendendo-se essas experiências, consegue-se perceber a cultura, a qual é muito importante em uma organização, pois se trata de um conjunto de forças latentes que determinam o olhar das pessoas dentro do ambiente organizacional, os valores, as estratégias, os objetivos da empresa, bem como o comportamento humano. Como esclarece Schein (2001, p. 30), "Se quisermos tornar uma organização mais eficiente e eficaz, deveremos entender o papel da cultura na vida organizacional". Guimarães (2007) cita uma pesquisa de Eric Van den Steen (2004) na qual o autor concluiu que as organizações apresentam tendência uniformizada ao compartilhar opiniões. O pesquisador atribui essa ocorrência a dois mecanismos. Primeiramente, os indivíduos preferem desenvolver suas atividades laborais com pessoas que possuem opiniões semelhantes, desde que tomem decisões certas. Em segundo lugar, indivíduos da mesma empresa preferem compartilhar suas opiniões com outros indivíduos que apresentem opiniões semelhantes às suas.

A **credibilidade** de uma organização ou de um líder é construída e pode ser mensurada com base nas ações e na comunicação que produzem. Esta deve ser integrada de forma que legitime as estratégias e proporcione ações sistêmicas entre todos os departamentos da empresa. Os processos de recrutamento e seleção, os programas de treinamento e desenvolvimento de pessoas, bem como os planos de carreira devem estar em consonância com a visão e a missão da organização; estes últimos são fatores que podem contribuir para a atração de candidatos com perfis mais adequados às necessidades da organização (Guimarães, 2007). Some-se a esses aspectos outro que é fundamental: uma relação de confiança.

Cada um dos leitores deste livro deve atuar em organizações diferentes; em algumas, é possível interferir e construir um processo de seleção mais adequado e programas de treinamento apropriados para cada necessidade, bem como estabelecer um plano de carreira; em outras, talvez isso não seja possível. Porém, todos os gestores devem ter como objetivo qualificar e desenvolver a equipe, favorecendo, por meio de uma liderança integradora, um ambiente de crescimento, confiança e aprendizagem para todos.

Comunicação e confiança

Zanini (2007) descreve três dimensões relacionadas à confiança:
1. **confiança interpessoal**, a qual resulta das informações sobre a reputação das pessoas que interagem e que podem ser do presente e do passado;
2. **confiança sistêmica**, que é mais ligada à organização e é construída com base na percepção do coletivo sobre o ambiente e resultante das interações ocorridas ao longo do tempo;
3. **confiança institucionalizada**, na qual existe uma confiança compartilhada em relação a aspectos institucionais entre estruturas sociais, representadas e reforçadas por meio de contratos, certificações e garantias.

Podemos concluir que no ambiente organizacional a **confiança** deriva da **percepção** dos funcionários sobre seus líderes, sobre a **clareza** das ações propostas, da **coerência** entre discurso e ação dos seus dirigentes. É necessário que os indivíduos sintam que podem expressar suas opiniões e sugestões, mesmo que divergentes, sem que sejam punidos por isso. Só dessa forma se constrói um processo comunicacional claro, efetivo e construtivo. Cada vez mais se faz necessária a compreensão da confiança como algo primordial nas relações entre organização, líderes e liderados. O desenvolvimento e a manutenção da confiança dependem da postura do líder, do exemplo que dá aos seus liderados.

Zanini (2007) ressalta que os níveis de **confiança interpessoal** relacionam-se com o nível de comprometimento dos funcionários de uma empresa, bem como com a integridade e a consistência na gestão, com o compartilhamento e a delegação de autoridade, com a demonstração de preocupação com os empregados, com a qualidade na comunicação interna, com as taxas de *turnover*[1].

> No ambiente das organizações, a resistência à mudança e o descompromisso são alimentados pelas dificuldades de comunicação. Quanto menos se sabe acerca dos acontecimentos envolvendo as decisões sobre o trabalho, mais se criam explicações individuais. Carentes dos fatos, os juízos proferidos exigem a invenção de contextos e acontecimentos que os justifiquem, sem declarações legítimas, surgem as ilegítimas que, por sua vez, dão espaço a novos juízos e assim sucessivamente. Na ausência do fato acorrido, cresce o fato imaginado. (Amorim,1999, p.18)

Tomando como base esses indicadores, podemos constatar a relevância da liderança na condução dos processos internos e a importância do cuidado com a postura, o exemplo e a forma de gestão do líder. Este é diretamente responsável pela construção e pelo fortalecimento das relações de confiança na organização. Cabe a ele cuidar da clareza das informações e dos processos.

---

1 *Turnover*: rotatividade de pessoas numa organização, isto é, o número de pessoas que entram e saem da organização. Pode ser mensurado mensal e/ou anualmente.

Minimizando as dificuldades

Ao falarmos das dificuldades na comunicação, dos ruídos que trazem interferências e impactam no processo comunicacional, precisamos ressaltar as possibilidades de reduzir esse impacto negativo. Bowditch e Buono (1992) destacam as duas habilidades básicas que podem contribuir para a melhoria no processo comunicacional:

1. **Habilidade de transmissão** – É a capacidade de transmitir a mensagem de forma que o receptor compreenda o que se quer.
2. **Habilidade de escuta** – É a capacidade de observar, perceber, entender o outro na sua forma de comunicação verbal e não verbal (isso significa ter empatia, ter atenção e observar a linguagem corporal do interlocutor).

Para melhor compreensão desse assunto, vejamos alguns fatores que fazem parte da comunicação e que complementam essas duas habilidades:

- **Escuta ativa** – Está diretamente ligada à vontade e à capacidade de escutar a mensagem de forma sistêmica, por inteiro, considerando-se a mensagem verbal, simbólica e não verbal, e também à capacidade de responder de modo apropriado a mensagem. Para que isso ocorra, também é necessário que haja empatia, reflexão e *feedback*.
- **Empatia** – É a capacidade de colocar-se no lugar do outro para poder entendê-lo, ter um olhar mais atento para o receptor. A empatia pede sensibilidade, observação do outro, dos seus sentimentos.
- **Reflexão** – Consiste em procurar compreender, entender o conteúdo da mensagem, que envolve as emoções. Entender pode dar ao emissor a possibilidade de reproduzir a mensagem de acordo com a sua compreensão.
- *Feedback* – É a ferramenta que permite estabelecer uma relação de troca com o outro, que comunica comportamentos e atitudes positivas e possibilita, se bem utilizada, redução de distorções na comunicação e crescimento mútuo.

Trataremos, a seguir, especialmente do *feedback*, por ser esta uma ferramenta de extrema importância na comunicação, no desenvolvimento das equipes e na gestão das pessoas.

Feedback como ferramenta de transformação

De acordo com Schmidt (2006), apoiada na concepção de Heller (1982), "uma pessoa só pode ser boa jardineira de si mesma se contar com a ajuda dos demais; ninguém tem suficiente autoconhecimento, que não precise do conhecimento dos homens que podem oferecer-lhe informações para seu desenvolvimento". É primordial numa organização que o gestor supere o desconforto e forneça *feedback* autêntico aos membros da equipe. Ao oportunizar *feedback* construtivo, é oferecida aos liderados a oportunidade de aprimorar seu nível de desempenho e, por consequência, melhorar os resultados da instituição. O *feedback* é um processo de comunicação sobre algo, é uma forma de expressar percepções referentes a comportamentos e deve contribuir para que o indivíduo reveja ou mantenha determinado comportamento.

No processo comunicacional estão envolvidas duas ou mais pessoas, e o *feedback* pode ser utilizado como uma poderosa ferramenta para reduzir possíveis distorções, ocasionadas por falta de clareza no processo de transmissão de informações, já que consite em dizer ao outro como nos sentimos em relação a alguma atitude ou a algo que nos foi dito e nos causou algum tipo de sentimento que pode ser positivo ou não, sinalizando, com isso, o impacto em nossa relação interpessoal. Essa ferramenta, se bem utilizada, pode trazer resultados bastante positivos para fazer evoluir a maturidade e o desenvolvimento das equipes.

Porém, é difícil entender a complexidade das relações humanas. Mesmo conscientes de que é importante trocar informações, sabemos que não é uma tarefa fácil ouvir do outro aspectos que podemos melhorar, assim como apontar, de forma clara e sincera, o que o outro deve fazer para se aprimorar. Vamos utilizar a teoria do *feedback* de Luft (1963) e Luft e Ingham (1961) para conceituar o processo de percepção de um indivíduo a respeito de si e dos outros. Os autores representam a personalidade em quatro janelas para nos mostrar como ocorrem as relações interpessoais.

Figura 3 – Janela de Johari

	Conhecido pelo eu	Não conhecido pelo eu
Conhecido pelos outros	I "EU ABERTO"	II "EU CEGO"
Não conhecido pelos outros	III "EU SECRETO"	IV "EU DESCONHECIDO"

Fonte: Moscovici, 1982, p. 17.

A **Área I** (o "eu aberto") é a área conhecida por nós e por outras pessoas que nos observam. São os comportamentos que manifestamos e que variam de acordo com os diferentes ambientes e grupos de pessoas. Nessa área estão contidas nossas características, maneira de falar, atitudes, habilidades.

Na **Área II** (o "eu cego") estão presentes nossas características de comportamento que são percebidas pelas outras pessoas, mas geralmente não o são por nós. Podemos exemplificar com situações em que manifestamos um comportamento agressivo, numa situação tensa em relação a alguém ou a algum grupo, ou certo desprezo ou ironia por aquele que discorda de nós. De acordo com essa teoria, há evidências de que é nessa área que, constantemente, somos mais críticos com os outros sem percebermos que nos comportamos da mesma maneira.

A **Área III** (o "eu secreto") contém os aspectos sobre nós mesmos que conhecemos, mas que escondemos das outras pessoas. Podem ser questões pequenas ou até aquelas de grande importância. Em situações ou ambientes mais rígidos ou autoritários, é provável que esse aspecto se manifeste com maior frequência, isto é, os indivíduos se mostram menos, escondem mais sobre si mesmos, por medo ou por falta de confiança. Algumas pessoas contam tudo sobre si mesmas para pessoas estranhas. Isso pode significar incapacidade de comunicar-se de forma satisfatória com pessoas que tenham um significado afetivo importante para elas.

Nas **Áreas II** e **III** algumas modificações podem ocorrer quando as pessoas trabalham juntas, cooperam e existe compreensão.

A **Área IV** (o "eu desconhecido") inclui aspectos dos quais nem nós nem os outros têm consciência. São as memórias de infância, potencialidades latentes e outros aspectos desconhecidos das relações interpessoais. Algumas questões talvez nunca se tornem conscientes; outras mais superficiais, havendo maior abertura e troca de *feedback*, poderão tornar-se conscientes.

Por isso, o *feedback* é uma ferramenta importante para as relações interpessoais e de grupo. Com um ambiente seguro e pessoas preparadas para dar e receber *feedback*, é possível estimular o crescimento e o desenvolvimento das pessoas e, com isso, construir equipes mais maduras.

Com base em autores como Moscovici (1982), Bowditch e Buono (1992), Topping (2002), entre outros que estudaram o processo de *feedback*, podemos resumir algumas regras básicas que podem facilitar o processo de dar e receber *feedback*:

- Seja claro e objetivo.
- Fale da ação e não da pessoa.
- Não julgue.
- Seja descritivo e não avaliativo.
- Seja oportuno, dê o *feedback* logo depois de a ação ocorrer; se não for possível, não deixe passar muito tempo para retomar o assunto.

- Ao receber *feedback*, não faça comentários como: "Veja lá o que você vai falar, hein!". Isso inibe o outro e sinaliza que você não está pronto para ouvir.
- Evite reações emocionais intensas, tanto ao dar quanto ao receber *feedback*.

À medida que aumenta a confiança nas relações de trabalho, diminui a necessidade de defender-se de forma tão intensa e é provável que as pessoas passem a buscar mais *feedback* por compreenderem que esta é uma ferramenta que contribui para o aprimoramento pessoal e profissional. Apoiados nas ideias de Moscovici (1982), podemos dizer que a eficácia do *feedback* está diretamente ligada a alguns comportamentos, que devem então ser adotados:

- Ao receber um *feedback*, evite atitude defensiva.
- Procure ouvir com atenção e considerar ao menos 1% de possibilidade de que o que está ouvindo é verdadeiro, por mais absurdo que lhe pareça.
- Reflita sobre o que ouviu.
- Caso não tenha ficado claro o que ouviu, peça esclarecimentos.
- *Feedback* deve ser visto como um presente, porque pode ajudá-lo a desenvolver-se. Por isso, agradeça pelo *feedback* recebido.

Embora o tema seja amplamente discutido e conhecido, ainda constatamos que é difícil para algumas pessoas dar e receber *feedback*. Conforme Moscovici (1982), algumas sugestões podem ajudar a superar dificuldades:

- O *feedback* é mais bem recebido quando existe uma relação de confiança entre as pessoas e os grupos, por isso estabeleça uma relação de confiança recíproca. Assim, você pode diminuir as barreiras entre comunicador e receptor.

- O processo de *feedback* só é possível se houver compartilhamento de informações e percepções. Portanto, reconheça que o *feedback* é um processo de exame conjunto: você depende do outro para ampliar seu autoconhecimento.
- Lembre-se de que ouvir é a melhor forma de aprender. Para isso, é importante que, ao receber um *feedback*, você ouça o outro sem apresentar explosões emocionais (agressividade, choro, raiva, defensividade, reatividade).
- Nas oportunidades em que você for o indivíduo a oferecer *feedback* a outros, lembre-se de ser respeitoso, cuidadoso e claro com o outro e, da mesma forma, procure evitar reações emocionais que dificultem a receptividade; seja hábil.
- O foco deve recair no problema, e não na pessoa.

Neste capítulo, vimos o que é o processo de comunicação e os fatores que podem interferir de forma positiva ou negativa nele e, consequentemente, nas relações interpessoais e de equipe. O *feedback* é uma ferramenta poderosa para o gestor/líder, desde que seja realizado de forma adequada e consciente, com o objetivo real de desenvolvimento das pessoas, da equipe. É justamente sobre o tema "equipe" que vamos tratar no próximo capítulo.

Indicação cultural

MUDANÇA de hábito. Direção: Emile Ardolino. Produção: Teri Schwartz. EUA: Walt Disney Home Video, 1992. 100 min.

Esse filme nos permite avaliar o impacto das mudanças, a dificuldade de aceitação de um novo componente no grupo com diferentes hábitos.

Depois de assistir ao filme, correlacione-o à leitura realizada e compare as situações enfocadas com a sua realidade profissional, identificando o que você pode aprender com ele.

4

O líder e seu papel na equipe

> Nada podes ensinar a um homem. Podes somente ajudá-lo a descobrir as coisas dentro de si mesmo.
>
> Galileu Galilei
> In: James; Jongeward, 1978, p. 17.

Neste capítulo, trataremos da importância da construção e do desenvolvimento da equipe, da responsabilidade do gestor no desenvolvimento de relações de confiança, de um ambiente propício ao aprendizado e ao compartilhamento de experiências e conhecimentos. As equipes trazem benefícios para a organização, mas trabalhar em conjunto exige um investimento significativo não só do líder como de todos os demais integrantes do grupo. Aspectos como confiança, clareza de papéis, comunicação clara e participação são primordiais para a manutenção e a melhoria dos resultados das equipes. O líder tem um papel ímpar nesse processo.

Ao final deste capítulo, você deverá ser capaz de compreender o que é uma equipe, as fases que a caracterizam e os benefícios que o trabalho em grupo representa para a organização, bem como o papel do líder no desenvolvimento da equipe.

4.1

Gestão de pessoas com foco nas novas exigências de mercado e na geração Y

Para compreender a importância do trabalho em equipe, é necessário entender a mudança de perfil do trabalhador em face das necessidades de mercado e do tempo de vida das organizações em um ambiente competitivo. Se muda o perfil do trabalhador, a relação empresa-colaborador também deve passar por significativas mudanças.

A motivação e o envolvimento passam a ser fatores críticos de sucesso. Estamos falando, aqui, de pessoas e suas contribuições, seja numa instituição de ensino, seja numa indústria, seja em serviços, considerando sempre, é claro, as diferenças de contexto. Mas o que queremos mostrar **é que o foco deve estar nas pessoas**.

Portanto, se olharmos para as pessoas como essenciais para o sucesso das organizações e de seus gestores, fica evidenciada a necessidade da renovação na forma de atuação dos líderes, de modo a levar ao enriquecimento da compreensão sobre as individualidades e a experiência vivida no coletivo.

Embora muitas pessoas e empresas afirmem que o trabalho em equipe é uma prática, sabemos que, na verdade, poucas são as organizações que trabalham efetivamente em equipe. É necessário haver um estímulo para que os indivíduos aprendam e desenvolvam competências que lhes permitam trabalhar juntos, compartilhar informações para a obtenção de melhores resultados.

O gestor precisa construir uma equipe, criar as condições necessárias ao aprendizado e à inovação em toda a extensão da empresa. Essa equipe precisa ser dotada de qualificações e habilidades compatíveis com as exigências internas e externas. Nesse contexto, é necessário "considerar a subjetividade, porque as pessoas estarão em ação, interagindo, o que significa que as pessoas estão em ação e em permanente interação, e são dotadas de vida interior, expressam sua subjetividade por meio de palavras e de comportamentos não verbais" (Silva; Rebelo, 2003, p. 790).

Pessoas constituem a essência da dinâmica de qualquer organização, concedem vitalidade às atividades e aos processos por meio da inovação, criação e transformação de contextos e situações que podem trazer uma posição mais competitiva, cooperativa e diferenciada na comunidade, no mercado. **Os indivíduos tornam-se fonte de vantagem competitiva em razão de suas qualidades**, de sua capacidade de combinarem emoção e razão, subjetividade e objetividade no desempenho de suas tarefas, na interação e na tomada de decisão.

Outro grande desafio ao gestor é compreender as diferentes gerações e tentar conciliar em sua equipe, muitas vezes, indivíduos da geração *baby boomers*, da geração X e da geração Y. Cada geração tem expectativas, comportamentos e atitudes diferentes.

Quadro 2 – As diferentes gerações

Baby boomers	Geração X	Geração Y
Respeito por valores familiares	Atitude mais egocêntrica	Ansiedade
Disciplina nos estudos e no trabalho	Ceticismo	Impaciência
Ordem e obediência	Pragmatismo	Transitória e ambígua em decisões e escolhas
	Autossuficiência	Superficialidade de ideias e pensamentos
	Autoconfiança nas escolhas e busca pela igualdade de direitos	Intensidade nas experiências vividas

Fonte: Adaptado de Oliveira, 2010.

De acordo com Oliveira (2010), os jovens da geração Y buscam reconhecimento, estão acostumados a receber *feedbacks* e ser incentivados a superar-se, a buscar novos desafios e ser diferentes. Gestores que não estão preparados para lidar com tranquilidade com o processo de *feedback* e nem sabem fazê-lo encontram muitas dificuldades para fazer a retenção desses profissionais da geração Y, os quais, muito rapidamente, sentem-se insatisfeitos e partem para novos desafios. Essa geração escolhe uma empresa pelo seu ambiente agradável, que estimule o bem-estar e o respeito, que tenha um movimento criativo constante e um bom relacionamento entre colegas. Para isso, as empresas precisam ser mais flexíveis e informais.

Ao mesmo tempo, há que se pensar que esta mesma geração daqui a algum tempo terá outras expectativas. Além disso, as empresas não podem pensar apenas na geração Y, pois a distância entre uma geração e outra é cada vez menor. O grande diferencial da liderança é conseguir conciliar as diferentes gerações, extraindo o máximo de cada uma, ou seja, a experiência da geração X e dos *baby boomers* e a criatividade, a energia, a flexibilidade e a curiosiodade da geração Y. Quando é possível promover o aprendizado por meio do compartilhamento entre essas gerações, as organizações com certeza obtêm melhores resultados, e isso depende do quanto suas lideranças estão preparadas e maduras para esse novo momento.

4.2

O papel do gestor no desenvolvimento da equipe

As experiências acumuladas pelas pessoas ao longo da vida é que determinam os comportamentos que adotam. O maior desafio para o gestor é compreender, em primeiro lugar, o que ele precisa mudar e só então agir efetivamente nesse sentido, para depois interessar-se em ajudar a equipe a mudar suas práticas de interação, aprendizagem e ação. Se o **discurso** do líder for **coerente** com as suas ações, esta pode ser a ferramenta que vai funcionar como fonte de modelo e inspiração.

Se você estiver disposto a tornar-se um gestor empenhado em promover o **desenvolvimento das pessoas**, procure criar para toda a equipe, incluindo você, um ambiente voltado para o crescimento pessoal e profissional. Veja, a seguir, algumas sugestões que poderão ajudá-lo:

- Deixe clara sua intenção de criar condições para o crescimento, oferecendo recursos, oportunidades e apoio. Em contrapartida, cada um é o principal responsável por seu próprio desenvolvimento.
- Promova discussões abertas com o seu pessoal para avaliar pontos fortes e fracos da unidade, de modo a fornecer subsídios para um plano de aprimoramento da equipe.
- Insira componentes de *coaching* em suas atividades regulares.
- Estimule as pessoas a se envolverem em atividades comunitárias que as auxiliem a crescer, nas dimensões pessoais e profissionais.
- Descubra formas eficazes de estimular, reconhecer e recompensar o progresso de cada componente e da equipe, à medida que aprimoram suas capacidades.
- Procure promover periodicamente oportunidades de *feedback* autêntico a respeito da sua liderança.

Como vimos no primeiro capítulo, o autoconhecimento é importante para identificarmos nossas capacidades e limitações. Como exposto anteriormente, o indivíduo tem uma imagem de si próprio, que pode ser real ou distorcida. Para chegar mais próximo da sua imagem real, é necessário, além das reflexões constantes e de autoavaliações, estar aberto à recepção de *feedback*, que é uma ferramenta fundamental na busca de desenvolvimento. Porém, é necessário que haja uma preparação das pessoas tanto para receber quanto para dar *feedback*, como vimos no terceiro capítulo. O líder preocupado com o desenvolvimento de pessoas e grupos deve reconhecer que o envolvimento, o comprometimento e a coesão do grupo são cruciais na indicação da eficácia organizacional. Se as pessoas participam das decisões, o grau de comprometimento tende a aumentar.

Existem diversas abordagens que tratam de como desenvolver os funcionários, mas aqui vamos nos ater à de Quinn et al. (2003), a qual faz referência à delegação e à avaliação de desempenho. A **delegação** possibilita à equipe o aprimoramento de habilidades e competências, incentivando-a a assumir responsabilidades e desafios, enquanto a **avaliação** de desempenho tem como objetivo informar, dar *feedback* sobre o desempenho do funcionário ou da equipe. Ambas as abordagens estão diretamente ligadas ao autoconhecimento, à comunicação e ao conhecimento que o gestor tem de sua equipe.

Aqueles que aprendem a **delegar** de forma efetiva, segundo Quinn et al. (2003), descobrem uma série de benefícios para si mesmos, para a equipe e para a organização. Os autores destacam aspectos que contribuem para que a delegação seja eficaz. Apresentamos, a seguir, alguns deles:

- Tenha claro, para si mesmo, o que você deseja.
- Designe o funcionário mais adequado para a tarefa.
- Ao transmitir a tarefa, seja claro.
- Certifique-se de que o funcionário tem tempo hábil para dar conta da tarefa.
- Mostre-se disponível para consultas, dúvidas e discussões.
- Permita que os funcionários realizem a tarefa da forma que acharem melhor.

- Monitore o andamento da atividade.
- Explore com o funcionário a dificuldade e ajude-o a encontrar suas próprias soluções.
- Reconheça as realizações, os esforços e demonstre apreciação.

Quanto à **avaliação de desempenho**, Quinn et al. (2003) observam que deve ser vista como oportunidade de crescimento e desenvolvimento dos funcionários. Para que isso ocorra, é primordial a adoção do *feedback* tanto por parte do gestor quanto por parte dos funcionários, cabendo ao gestor desenvolver o clima de confiança necessário a essa prática. Mesmo que a empresa adote uma avaliação de desempenho formal, nos intervalos entre uma aferição e outra, o gestor deve dedicar-se a diálogos periódicos com sua equipe e manter *feedbacks* específicos sobre o desempenho de cada um, bem como oferecer sugestões de melhorias de *performance* para os funcionários. Tanto nas situações formais quanto nas informais discutidas aqui, o gestor deve basear-se nas premissas do *feedback*. A avaliação de desempenho muitas vezes é utilizada de forma inadequada, com objetivos confusos e falta de clareza e preparo por parte dos gestores e dos avaliados, o que gera descrédito em relação ao processo e não contribui para o desenvolvimento nem das equipes, nem do ambiente organizacional, além de instaurar um clima de ressentimento entre gestores e equipe.

Estudiosos como Moscovici (1982) e Quinn et al. (2003) têm chamado a atenção para a importância do comportamento dos grupos no ambiente organizacional. Ora, se as pessoas passam boa parte do seu dia de trabalho dentro dos grupos e se estar ligado a um grupo dentro das organizações é fundamental para que cada indivíduo se sinta parte de uma estrutura, se sinta aceito, é primordial que o gerente compreenda como os grupos se formam, como se desenvolvem e quais as suas principais características. Conhecer esses pontos pode contribuir de forma significativa para a melhoria no processo de liderar. Os grupos influenciam diretamente o comportamento e o desempenho dos seus membros, porém o nível de influência é variável de indivíduo para indivíduo; quando os conflitos se fazem presentes no grupo, interferem nos resultados e no atingimento de metas organizacionais. À medida que se conhecem esses aspectos, é possível minimizar dificuldades e propor alternativas para lidar de forma produtiva com os conflitos.

Grupos ou equipes?

Embora, para alguns autores, grupos e equipes de trabalho sejam sinônimos, para outros, existem diferenças entre esses dois conceitos que podem ser detectadas pela presença de algumas características.

Quadro 3 – Características diferenciais de grupos e equipes de trabalho

Grupos	Equipes
Esforço individual	Esforço coletivo
Responsabilidade por resultados individuais	Responsabilidade compartilhada pelos resultados globais
Objetivo de trabalho individual	Objetivo de trabalho compartilhado
Unidades de trabalho dependentes	Unidades de trabalho semiautônomas ou autônomas

Fonte: Albuquerque; Puente-Palacios, 2004, p. 371.

Podemos afirmar que existem muitas classificações que buscam distinguir grupos de equipes e que não há consenso quanto ao assunto. As classificações podem considerar tempo de duração, missão ou natureza da atividade, organização dos seus elementos (projeto ou objetivo, membros que compõem o grupo ou a equipe e tecnologia), finalidade das tarefas, entre outros aspectos.

As equipes passam por diferentes estágios que não necessariamente são sequenciais, porque sofrem mudanças ou pressões externas. É importante identificar essas fases para compreender que certos períodos de turbulência fazem parte do desenvolvimento da equipe e também para verificar em que momentos é coerente fazer uma intervenção.

As fases descritas por Buchanan e Huczynski (1985), Greenberg e Baron (1995) e Tosi, Rizzo e Carol (1994), citados por Albuquerque e Puente-Palacios (2004), são as seguintes: formação, conflito, normatização, desempenho e desintegração. Vejamos, na sequência, como se caracteriza cada uma.

A fase de **formação** se configura pelo conhecimento do outro e pela identificação de sua contribuição para atingir os objetivos. É um período de incertezas e, por isso, é fundamental haver clareza dos objetivos por parte do gestor. A segunda fase – **conflito** – é caracterizada pela divisão e disputa de poder e pela negociação. Nesse estágio, é importante saber lidar com os conflitos, já que estes fazem parte do processo de formação e estruturação da equipe.

Na fase seguinte, que é a **normatização**, a coesão e a identificação dos membros são características presentes. O quarto estágio identificado pelos autores – **desempenho** – basicamente é caracterizado pela execução das tarefas. É a fase de produtividade, em que o grupo está voltado para a realização das atividades. A última fase – a **desintegração** – está presente apenas naquelas equipes temporárias. Se essa fase estiver presente numa equipe que não tenha se reunido com objetivos temporários (por exemplo, equipes que se reúnem por projetos), pode sinalizar fracasso ou ineficácia. Em geral, as equipes buscam sua sobrevivência e procuram se fortalecer por meio de processos de renovação.

Para Moscovici (1982), trabalhar em equipe significa:

- trabalhar com pessoas diferentes;
- ter flexibilidade;
- dispor de múltiplas habilidades;
- compartilhar;
- manter a comunicação aberta;
- demonstrar confiança;
- ter objetivos comuns.

Segundo Parker (1995, p. 35), "Um equipe é formada por um grupo de pessoas com alto grau de interdependência, voltada para a consecução de uma meta ou conclusão de uma tarefa". Ainda de acordo com esse autor, as vantagens competitivas apontadas para o trabalho em equipe são:

- agilidade nos processos;
- maior possibilidade de prever problemas no decorrer dos processos;
- melhora do moral do grupo e da administração;
- geração de maior lucro;
- melhora do nível de atendimento aos clientes;
- aperfeiçoamento da qualidade de produtos e serviços;
- aumento da produtividade;
- utilização eficaz de recursos;
- ampliação das condições para resolver problemas;
- maior desenvolvimento da criatividade e da inovação, em decorrência dos diferentes valores e estilos pessoais.

Para Parker (1995), a eficácia de uma equipe depende de fatores tais como a clareza de propósitos, ou seja, todos precisam saber onde devem chegar, o incentivo à participação e a divergência de ideias de forma civilizada, que propicia o desenvolvimento de maturidade da equipe. Além disso, as decisões devem ser de consenso, para que os membros assumam responsabilidade sobre a decisão, a comunicação deve ser aberta e clara e a atenção ao ouvir deve ser estimulada e valorizada.

Essas características corroboram a afirmação de Quinn et al. (2003) de que as equipes devem estar comprometidas com uma meta ou propósito comum, os membros necessitam de papéis e responsabilidades claros e interdependentes, deve haver uma estrutura de comunicação que estimule o compartilhamento de informações, bem como um senso de prestação mútua de contas, o que, de acordo com os autores, significa o compromisso entre os integrantes e o objetivo de atingir a excelência.

Nas atividades a serem desenvolvidas, a clareza dos papéis dos membros da equipe contribui para o bom funcionamento dos trabalhos e a ausência de ambiguidade. Entendemos aqui *papel* como um conjunto de expectativas – que tanto pode existir por parte do indivíduo quanto por parte de terceiros envolvidos – no que se refere a como o sujeito em questão deve agir numa determinada situação (Quinn et al., 2003). Nesse aspecto, o gestor deve refletir sobre as competências técnicas e pessoais de cada membro da equipe para saber como cada um pode contribuir para o alcance dos objetivos e, com base nisso, definir e comunicar, de forma clara, o que espera de cada indivíduo. A clareza dessas informações pode auxiliar o gestor e a equipe, na medida em que exclui o conflito de papéis.

Podemos afirmar aqui, com base em experiências com trabalhos de consultoria, que ainda observamos em algumas empresas a falta de estímulo para o trabalho em equipe, embora o discurso contrário esteja presente. Algumas razões podem ser apontadas como obstáculos ao trabalho em equipe, como a falta de tempo, a falta de conhecimento sobre como construir equipes e a própria cultura institucional. Se não houver um clima de confiança e de compartilhamento entre os colegas, não há como construir equipes comprometidas. Uma alternativa é a contratação de uma consultoria externa para desenvolver um programa que vise ao desenvolvimento de equipes. Mas qualquer programa só terá bons resultados se houver o crédito e o envolvimento do líder.

Neste capítulo, apresentamos a diferença entre grupos e equipes e refletimos sobre como o gestor precisa investir tempo e vontade para que as pessoas possam trazer melhores resultados para a gestão do ambiente organizacional e, acima de tudo, acreditar nesse propósito.

Indicação cultural

COACH Carter. Direção: Thomas Carter. Produção: David Gall, Brian Robbins e Michael Tollin. EUA: Paramount Home Entertainment, 2005. 136 min.

Esse filme permite refletir sobre a postura da liderança no resgate de indivíduos e na formação de uma equipe coesa e comprometida com seus objetivos e colegas de equipe.

Depois de assistir ao filme, correlacione-o à leitura realizada e compare as situações enfocadas com a sua realidade profissional, identificando o que você pode aprender com ele.

5

Os estilos de liderança e o impacto na gestão

> Se me tocar leve e suave
> Se me olhar e sorrir
> Se algumas vezes me ouvir antes de falar,
> Vou crescer, realmente vou crescer.
>
> Bradley, 9 anos
> In: James; Jongenward, 1978, p. 56.

Neste capítulo, abordaremos os diferentes estilos de liderança e o impacto de cada um na gestão de pessoas. A capacitação dos indivíduos para que cada um dê o melhor de si é foco da liderança gerencial, a qual hoje está mais vinculada a criar ambientes em que as pessoas tenham condições de alcançar o sucesso. Isso significa dar oportunidades à equipe de aumentar suas habilidades, conhecimentos e capacidades, de modo a melhorar sua *performance*, conforme seu potencial. O desafio de cada gestor é encontrar formas de garantir o crescimento contínuo de sua equipe, precisando, para isso, ser capaz de identificar os talentos existentes. Dessa maneira, o líder pode transformar o ambiente, desenvolvendo e preparando a sua equipe e estimulando a autonomia, servindo ele próprio como exemplo.

Ao final deste capítulo, você deverá ser capaz de diferenciar liderança e gerenciamento, entender o processo de tomada de decisão e suas etapas, além de identificar os estilos de liderança apresentados e suas consequências na gestão e no ambiente organizacional.

5.1

Fatores de sucesso na liderança

As empresas têm passado por mudanças que nos trazem questionamentos também em relação à gestão de pessoas e à liderança. Qual a melhor forma de gestão? Qual o melhor estilo de liderança? Será que ele existe? O que devem fazer os líderes para conseguir a adesão das pessoas e formar times que sejam capazes de chegar a resultados?

Sabemos que a cultura da organização pode contribuir de forma efetiva para o desenvolvimento e a manutenção da liderança e de seu estilo. Ao longo do tempo, as empresas sempre tiveram uma grande preocupação em desenvolver gerentes. Com as mudanças constantes no mercado e a globalização, ficam cada vez mais evidentes a importância e a necessidade de desenvolver líderes. Isso significa deixar de desenvolver um "administrador" e passar a desenvolver alguém preocupado com o futuro, que possa levar as pessoas a acreditarem em um propósito e a se comprometerem com resultados. Kotter (2000) destaca fatores como visão, estratégias, pessoas e autonomia como integrantes do processo de liderança. Estes mesmos fatores permitem aos profissionais o cumprimento da visão e da missão da empresa, ultrapassando-se obstáculos dentro das organizações. Para o autor, a liderança deve ser **flexível** e **calorosa**.

Alcançar metas exige um esforço conjunto; os líderes dependem de suas equipes para alcançar suas metas e devem compreender os motivos e as necessidades que impulsionam as pessoas. Vem desse pensamento a necessidade de autoconhecimento do líder, já discutida no primeiro capítulo, a qual pode auxiliar na formação e no fortalecimento de uma equipe capaz de atingir os resultados.

Embora encontremos diferentes conceitos de liderança, existem pontos comuns entre eles, como a ideia de que liderança constitui um **fenômeno relacional**, ou seja, que só se manifesta por meio do relacionamento humano. Outro ponto comum é o entendimento de que a liderança é exercida por meio de **atos influenciais** de uma pessoa sobre outra(s). O terceiro ponto é a **disposição**, por parte de quem é o objeto da influência (influenciado), **em aceitar**, não importa por que razão, os **atos influenciais**.

Deepak Chopra (2002), em um artigo publicado na revista *HSM Management*, afirma que "um líder precisa entender a hierarquia das necessidades dos seguidores para dar as respostas certas que possam satisfazê-los". Ainda segundo Chopra,

> para chegar à liderança, toda pessoa precisa olhar para dentro de si e entender como as pessoas são motivadas espiritualmente. Enquanto não fizer isso, vai apegar-se a velhos hábitos, envolver-se em disputas desnecessárias. O fundamental [...] é aprender a identificar as necessidades das pessoas – como o psicólogo Abraham Maslow já apontou em meados do século XX – e saber responder a cada uma. O líder que entende as hierarquias das necessidades e das respostas terá êxito. [...] a capacidade de atender às necessidades com as respostas certas pode ser aprendida.

Chopra (2002) sintetiza em sete princípios os aspectos que considera como a essência da liderança:

1. **Ver e ouvir** – O líder vê e ouve primeiro com os sentimentos, como observador imparcial, que não fez julgamentos prévios; depois com o coração e finalmente com a alma para responder com visão e criatividade.
2. **Delegar poder** – O líder orienta-se pelo processo, e não pelos resultados. Responde ao *feedback*, porém deve ser independente da boa ou má opinião dos outros. Como resultado, poderá elevar seu *status* de líder e dos seguidores.
3. **Ter consciência** – Diante dos desafios, o líder deve estar ciente das seguintes questões: Quem sou eu? O que quero? Qual é o propósito de minha vida? O líder deve ser uma inspiração para seus liderados.
4. **Fazer** – Significa uma orientação para a ação, assumir responsabilidade pelas promessas, ser persistente, mas também ter flexibilidade e bom humor.
5. **Ter liberdade emocional e empatia** – O líder procura entender as necessidades profundas de seus seguidores, indo além do melodrama e da reação a crises.

6. **Assumir responsabilidade** – Significa ter iniciativa, assumir riscos de forma madura e não impensada, cumprir o que promete, ter integridade, viver de acordo com seus valores internos.
7. **Ter sincronismo** – Trata-se da capacidade de encontrar reservas de energia para ir além dos resultados previstos e atingir um nível mais elevado. É a capacidade de conectar qualquer necessidade a uma resposta da alma.

À medida que novas necessidades se revelam, há um novo modo de olhar e ouvir. Podemos perceber, até aqui, o quanto as emoções, os sentimentos e o autoconhecimento são importantes para o processo de liderança.

5.2
Liderar ou gerenciar?

A expressão *liderança* tem sido usada de forma generalizada, sendo aplicada como sinônimo de *chefia, gerência, administração*. O conceito de líder é muito amplo e muitas vezes não bem definido entre gerentes. Ser líder não é gerenciar pessoas. Líder é aquele que busca nas pessoas uma forma de fazer com que elas desenvolvam atividades que lhes tragam uma satisfação pessoal, como profissionais e como seres humanos.

Podemos perceber a semelhança entre o pensamento de Krausz (1999) e o que afirma Kotter (2000), quando faz a diferenciação entre liderar e gerenciar.

Kotter estabelece diferença entre gerente e líder e afirma que são dois sistemas de ação diferentes, porém complementares, cada qual com sua própria função e atividades características. O ambiente organizacional depende de ambos para obter êxito e "o verdadeiro desafio reside em combinar uma liderança forte com um forte gerenciamento, usando um para contrabalançar o outro" (Kotter, 2000, p. 50-51). Contudo, o autor reconhece que nem todos podem ter habilidades nas duas áreas. Algumas pessoas podem tornar-se excelentes gerentes, mas não líderes. Outros apresentam grande potencial para a liderança, mas, por vários motivos, encontram muitas dificuldades no bom gerenciamento. O que se conclui é que qualquer organização, para obter bons resultados, deve valorizar os dois tipos de pessoas, ou seja, aquelas que têm habilidades para gerenciar e aquelas que sabem como tratar com pessoas.

Kotter (2000) enfatiza que tanto o gerenciamento como a liderança envolvem decisões quanto ao que deve ser feito, aos processos e aos relacionamentos, de modo que se possa pôr em prática um plano para assegurar que a missão da empresa seja cumprida.

Para o autor, as empresas gerenciam a complexidade, antes de mais nada, elaborando planos e orçamentos, determinando objetivos e metas para o futuro (normalmente para o próximo mês ou ano), definindo etapas detalhadas para atingi-los e, por fim, alocando recursos para concretizar seus planos. Liderar uma empresa no sentido de operar uma mudança construtiva, pelo contrário, começa pelo estabelecimento de uma direção, criando uma visão do futuro (em geral, um futuro distante) e as estratégias para produzir as mudanças necessárias para efetivamente construí-la.

O **gerenciamento** organiza e fornece pessoal, gerando uma estrutura organizacional a fim de satisfazer os requisitos estabelecidos, atribuindo os cargos a indivíduos qualificados, comunicando-lhes os planos, delegando-lhes responsabilidades para realizá-los e elaborando sistemas para monitorar a implementação de novas ações. A atividade de **liderança**, por sua vez, alinha as pessoas, o que significa dizer que comunica a nova direção, a visão e busca o comprometimento dos indivíduos para a concretização das ações definidas e o atingimento de objetivos organizacionais (Kotter, 2000).

Podemos afirmar, então, que o gerenciamento assegura a realização dos planos, controla e resolve problemas, monitora (formal e informalmente, por meio de relatórios, reuniões e outras ferramentas) os resultados em detalhes e contrapõe os planos, identifica desvios e, em seguida, elabora planos e organiza pessoas e informações no sentido de solucionar os problemas. Já no que se refere à liderança, é fundamental observar que "concretizar uma visão requer motivação e inspiração – mantendo as pessoas na direção correta, apesar dos grandes obstáculos à mudança, e recorrendo a valores, emoções e necessidades humanas básicas, embora com frequência inexploradas" (Kotter, 2000, p. 53).

5.3
Estilos de liderança

A literatura nos apresenta vários estilos de liderança. Vamos tratar aqui dos estilos considerados e descritos pela **análise transacional** por entendermos que, nesse caso, essa teoria pode contribuir de forma mais efetiva, já que nos mostra de forma prática as consequências da adoção de cada estilo. Essa abordagem descreve quatro estilos de liderança: coercitiva, controladora, orientadora e integradora. Examinaremos em detalhes cada um desses estilos a seguir, com base em Krausz (1999).

Liderança coercitiva

O líder com estilo coercitivo influencia as pessoas por meio de punição, cria uma relação de dependência simbiótica, de comando, de obediência assimétrica. É conhecida também como *liderança opressiva*, porque induz à submissão, à alienação e à passividade. Os liderados são considerados como objetos e passam a sentir-se inúteis, incapazes, improdutivos. Desrespeita as pessoas, suas necessidades, capacidades e sentimentos.

As organizações também criam espaço para o uso da coerção por meio da relação de dependência que se estabelece quando atribuem a ocupantes de determinados postos de trabalho (supervisores, gerentes, diretores etc.) o direito de exercerem atos influenciais, unilaterais sobre seus subordinados e a estes atribuem o dever de aceitá-los.

O que caracteriza a liderança controladora é a **falta de confiança** nas pessoas, a crença de que só existe um jeito de fazer as coisas de forma correta e de que os indivíduos são incompetentes, têm pouca vontade de trabalhar e, por isso, é necessário controlar suas atividades. Trata-se de um líder que leva os subordinados "com rédea curta, senão eles não trabalham".

O clima do grupo é de negativismo, pouco interesse, indiferença e, como resultado, obtêm-se baixa produtividade e alienação.

Liderança controladora

Líderes controladores têm tendência a se considerarem insubstituíveis, envolvem-se em detalhes, são centralizadores, sonegam informações, estimulam a competição, competem com os subordinados e tendem a ter dificuldades de ver o todo. Não disponibilizam espaço para posicionamentos e opiniões divergentes e fazem prevalecer a hierarquia. Demonstram dificuldade em reconhecer as contribuições do grupo, mas tendem a ser tolerantes com os "poderosos" e os "aliados".

Esse estilo de liderança gera **burocracia**, **segmentação de tarefas**, **controles** que incentivam desinteresse, estimulam dependência, multiplicação excessiva de normas, regras e procedimentos no sentido de controlar melhor o trabalho das pessoas, embora sejam, de fato, prejudiciais ao funcionamento da organização.

Como consequência dessas atitudes, cria-se um clima competitivo, de insegurança, dependência, falta de confiança e com espaço para fofocas. Tudo isso tende a dificultar o clima de cooperação e afeta os resultados finais.

Liderança orientadora

Esse tipo de liderança entende que a melhor forma de lidar com conflitos é ceder ou contemporizar; assim, evita-se que o conflito seja potencializado. Pela maior preocupação em agradar as pessoas, esse líder tende a apresentar dificuldade em dizer não e com isso procura evitar confrontos. Demonstra insegurança na tomada de decisão e resolução de problemas e, como consequência, pode delegar em excesso, ter preferência por atividades rotineiras, mostrar impulsividade e adiar decisões.

No grupo pode criar um clima de incerteza pela falta de definições e objetivos claros, além da falta de clareza quanto aos papéis, às responsabilidades e aos limites de cada um. Com isso, as rotinas são mais privilegiadas. As tarefas são mais valorizadas que os resultados, e a dependência pode ser estimulada, em decorrência da superproteção.

Esse estilo de liderança influencia as pessoas por meio do **conhecimento** e da **capacidade de criar redes informais de relacionamento**. Os indivíduos com esse estilo podem ser vistos como conselheiros, pares, pessoas razoavelmente acessíveis, e não como "chefes"; usam controle sutil por meio de acompanhamento e esclarecimento, embora possam usar de sua posição para exercer atos influenciais.

Liderança integradora

O princípio básico da liderança integradora é que todo indivíduo, independente de sua posição na estrutura organizacional, é capaz de contribuir para o alcance dos objetivos, mas, para que isso aconteça, precisa encontrar condições favoráveis para identificá-los, para envolver-se com eles e ver sua contribuição reconhecida por recompensas não só materiais, mas principalmente psicológicas, que elevem sua autoestima e estimulem o desenvolvimento de suas potencialidades e de seu livre pensar.

O líder integrador **respeita o indivíduo como tal**, integra as pessoas no grupo, encoraja a troca de *feedback*, o autoconhecimento, o uso da intuição como complemento da lógica; procura compatibilizar, tanto quanto possível, os objetivos da instituição com os objetivos do indivíduo de forma ética; valoriza as diferentes opiniões, a participação, a busca a a solução de problemas por meio da cooperação e da participação do grupo.

Esse estilo cria um clima saudável de aprendizagem porque respeita os indivíduos. O resultado é o desenvolvimento das competências interpessoais e técnicas do grupo, além do estímulo ao aperfeiçoamento das habilidades voltadas à solução de problemas, à tomada de decisão, à flexibilidade e à criatividade. Em resumo, é o estilo que favorece o **crescimento contínuo da equipe**.

Conforme Tannenbaum et al. (1970), o líder se utiliza da comunicação para influenciar seus liderados e, assim, atingir as metas definidas. A liderança tem como objetivo influenciar, afetar, modificar o comportamento dos seguidores para chegar a determinados resultados.

Vale ressaltar aqui algumas dicas para quem lidera:

- Procure compreender os motivos e as necessidades que impulsionam as pessoas, só assim poderá entendê-las.
- Descubra e conheça sua equipe, seu potencial, suas características, suas necessidades, seus pontos fortes e suas fraquezas.
- À medida que for conhecendo a equipe, procure encorajá-la, auxilie na superação de suas inseguranças.
- Auxilie e estimule a equipe no desenvolvimento e realização de todo o potencial que ela tem.
- Delegue, mas prepare antes seus subordinados, estimulando a autonomia, e monitore os resultados, oriente e corrija se necessário.
- A melhor forma de desenvolver é compartilhar conhecimentos e experiências, possibilitar reflexões, discussões e análise crítica.
- Reconheça as pessoas pelos sucessos alcançados.

5.4

Líder eficaz

Para ser eficaz, o líder precisa ter humildade para estar em constante desenvolvimento, o que significa aprender, e aprender sempre, ter consciência de que não é detentor de todo o saber e que, portanto, deve estar sempre à procura de novos saberes que permitam ampliar sua visão e novas atitudes que possibilitem melhorar as relações com as pessoas, as quais devem ser vistas como fundamentais na busca de resultados organizacionais. O líder eficaz é alguém que se esforça por adquirir **autoconhecimento** e **autonomia**, bem como reconhece que é sempre possível **aprender mais** e tem consciência de que a liderança é uma **responsabilidade**.

De acordo com a teoria da análise transacional, são pressupostos de uma liderança eficaz (Krausz, 1999; Berne, 1988):

- conhecer-se;
- conhecer e praticar seus valores;
- enfrentar os problemas com transparência, bom senso e coerência;
- dizer *não* sempre que for necessário e adequado;
- identificar os riscos que teme correr;
- reconhecer que líderes também erram;
- reconhecer que líderes e liderados influenciam e são influenciados constantemente;
- demonstrar abertura para ouvir e aprender;
- entender suas reações e resistências e as dos outros;
- ser firme, claro e direto em sua comunicação;
- ser coerente em sua linguagem verbal e não verbal;
- respeitar o outro;
- valorizar as contribuições do grupo;
- dar espaço para questionamentos, discordâncias, dúvidas e estar preparado para esclarecer, dialogar, aceitar e, se necessário, alterar seus posicionamentos;
- reconhecer seus erros e limitações;
- respeitar a si e ao outro;
- dar sua parcela de contribuição para os que estão à sua volta.

A liderança precisa ter como foco principal a influência no desempenho de todas as pessoas, para que efetive as mudanças necessárias, mas esse é o assunto do nosso próximo capítulo.

Neste capítulo, discutimos os estilos de liderança e suas consequências sob a ótica da análise transacional. Krausz (1999) descreve os quatro estilos: integrador, orientador, controlador e coercitivo. Conhecer as características e as atitudes de cada estilo nos leva a pensar qual deles deve ser adotado nas organizações. Devemos lembrar que **é preciso considerar a cultura, as estratégias e as metas de cada empresa e, acima de tudo, os objetivos de cada indivíduo.** Para desenvolver cidadãos com autonomia, responsabilidade, respeito por si e pelos outros, a empresa e o gestor precisam ter coerência entre discurso e ação, e isso fica evidente na figura do líder. É por meio da liderança que se pode estimular e desenvolver aspectos como comprometimento, autoconhecimento, desenvolvimento das competências pessoais, interpessoais e técnicas, administração das diferenças individuais e uma comunicação clara e objetiva entre os integrantes de cada equipe.

Indicação cultural

HUNTER, J. C. **O monge e o executivo**: uma história sobre a essência da liderança. Rio de Janeiro: Sextante, 2004.

Depois da leitura desse livro, liste os princípios básicos da liderança discutidos neste capítulo e então procure fazer um comparativo entre os aspectos identificados e alguns líderes que você conhece. Essas pessoas apresentam as características e os comportamentos que descrevemos? E quanto aos resultados?

6

O líder como elemento transformador do ambiente organizacional: decidindo e gerenciando conflitos

> A principal meta da educação é criar homens que sejam capazes de fazer coisas novas, não simplesmente repetir o que as outras gerações já fizeram. Homens que sejam criadores, inventores, descobridores. A segunda meta da educação é formar mentes que estejam em condições de criticar, verificar e não aceitar tudo o que a elas se propõe.
>
> Jean Piaget, psicólogo e educador

Trataremos, neste capítulo, da tomada de decisão, que é um processo diário nas organizações, assumido por líderes, colaboradores, clientes e fornecedores. Todos nós tomamos decisões de maior ou menor complexidade todos os dias, tanto na vida pessoal quanto na profissional. Gestores e líderes fazem escolhas entre várias alternativas, determinam e negociam metas que afetam suas equipes. O processo decisório pode ser individual ou em grupo; no entanto, a forma e a qualidade da decisão são influenciadas pela percepção de cada um, pelo estilo de liderança e pelas diferenças individuais.

Também discutiremos aqui a gestão de conflitos, examinando os estágios pelos quais passa esse processo e duas abordagens de resolução.

Ao final deste capítulo, você deverá ser capaz de entender o processo de tomada de decisão e as etapas pelas quais passa, a administração de conflitos e como o gestor pode transformar o ambiente por meio da postura adotada.

6.1

O processo decisório

Cada problema exige uma forma diferente de decidir. Existem decisões que podem ser **programadas**, como aquelas que dependem de políticas, procedimentos ou regras, a exemplo de questões salariais quando já definidas em tabelas, de acordo com os cargos. Em contrapartida, com base em Robbins (1998), deparamo-nos com situações incomuns que exigem uma tomada de decisão **não programada** e que estão associadas a questões não rotineiras. O processo de decidir depende de uma consciência de que existe um problema e de que uma decisão que deve ser tomada é uma questão de percepção. As informações recebidas devem ser interpretadas e avaliadas, só então as alternativas poderão ser desenvolvidas. Vamos conhecer o modelo racional de tomada de decisão que é usado mais frequentemente para a tomada de decisão não rotineira.

Modelo racional de tomada de decisão

No modelo racional (Robbins, 1998; Stoner; Freeman, 1995) podemos identificar quatro estágios para a tomada de decisão. No **primeiro estágio**, é necessário analisar a situação, realizar uma investigação para a definição do problema, identificar as metas e fazer um diagnóstico. Nesta fase, o primeiro passo consiste na **definição do problema**, o qual se instaura quando ocorre uma divergência entre uma situação ou estado existente e um desejado. Algumas vezes o tomador de decisão pode superestimar ou subestimar um problema ou defini-lo de forma errônea e por isso decidir de maneira insatisfatória. Esta etapa é crítica no processo decisório, e buscar informações completas a respeito da situação é fundamental. Após definir o problema, os autores afirmam que é preciso **identificar os critérios da decisão**. Nesta segunda etapa, determina-se o que é mais importante para decidir. É essencial identificar e estabelecer critérios, pois o que é importante para uma pessoa pode não ser para outra em função das diferenças de valores, interesses e preferências pessoais. Também vale lembrar que é preciso ter consciência das consequências de cada alternativa. A terceira etapa consiste em **pesar os critérios** já identificados e priorizá-los devidamente, além de refletir sobre sua importância.

O **segundo estágio** do modelo racional é a criação de alternativas e deve contemplar **possibilidades** que resultem em sucesso na resolução do problema. Elas devem ser apenas elencadas neste momento, descritas, mas não avaliadas. Somente no **terceiro estágio** é que se realiza a **avaliação das alternativas e a seleção da melhor**. O tomador de decisão deve fazer uma análise crítica de cada uma, para só então **classificar as alternativas** de acordo com cada critério estabelecido. Com base nesse enquadramento, são destacados os pontos positivos e negativos de cada alternativa e segue-se então a última etapa, que é avaliar cada uma com base nos critérios estabelecidos e **escolher** a alternativa mais bem pontuada.

O **quarto e último estágio** consiste em **implementar** e **monitorar** a decisão. *Implementar* significa obter os recursos necessários de acordo com a necessidade, estabelecer procedimentos e não se esquecer de monitorar as ações implementadas. Outro aspecto importante é não se esquecer dos riscos potenciais que advêm depois de a decisão ser tomada. Esse monitoramento constante é que pode contribuir com melhores resultados, de acordo com Stoner e Freeman (1995) e Robbins (1998). Perguntas como "As coisas estão funcionando de acordo com o planejado?", "Os colaboradores estão com o desempenho dentro das expectativas?", "Como estão a aceitação e a repercussão dessa decisão nos ambientes externo e interno?" são algumas questões que podem nortear o acompanhamento de resultados.

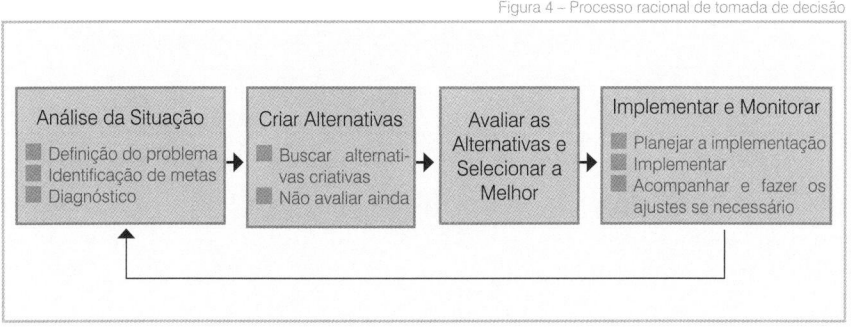

Figura 4 – Processo racional de tomada de decisão

Análise da Situação	Criar Alternativas	Avaliar as Alternativas e Selecionar a Melhor	Implementar e Monitorar
■ Definição do problema ■ Identificação de metas ■ Diagnóstico	■ Buscar alternativas criativas ■ Não avaliar ainda		■ Planejar a implementação ■ Implementar ■ Acompanhar e fazer os ajustes se necessário

Fonte: Stoner; Freeman, 1995. p. 186.

6.2
Diferenças individuais e estilos de decisão

Embora a racionalidade seja utilizada no processo de decisão, a criatividade pode contribuir para a identificação de alternativas viáveis. Vamos considerar aqui *criatividade* como a habilidade de associar, combinar ideias e enxergar possibilidades. Afinal, qual é a melhor forma para tomar decisões? De acordo com Drucker (1990), a tomada de decisão, para ser eficaz, deve contemplar planejamento, deve ser estruturada, conduzida com flexibilidade para equalizar a inteligência, a imaginação e os conhecimentos presentes no fator humano, transformando-os em resultados.

O estilo das pessoas e de seu comportamento é de vital importância no processo decisório. A influência dos fatores comportamentais, tanto sobre quem toma as decisões quanto sobre os outros envolvidos, é substancial. As pessoas têm preferências: algumas utilizam o lado direito do cérebro e tendem a tomar decisões de forma menos estruturada, mais subjetiva e intuitiva, enquanto outras utilizam mais o lado esquerdo do cérebro e tendem a tomar decisões de forma esquematizada e lógica. A intuição favorece abordagens criativas, e a lógica facilita a análise de alternativas. Tanto a perspectiva intuitiva quanto a lógica geram deficiências quando aplicadas à tomada de decisão.

A experiência nos mostra que existem problemas simples e complexos e que, quando nos defrontamos com eles e os examinamos com maior atenção, os simples podem se tornar complexos e vice-versa, porque os problemas são criados, desenvolvidos e solucionados entre pessoas.

Já vimos, no primeiro capítulo, que o instrumento MBTI (*Myers-Briggs Type Indicator*) nos mostra que cada indivíduo tem uma forma de decidir, mas também que podemos desenvolver outras características. Segundo esse instrumento, as pessoas que são Pensamento e Julgamento (TJ) tendem a tomar decisões logicamente, costumam ser decididas, analíticas, líderes práticos. Decidem com base em princípios, sistemas, impactos gerais e análise racional das consequências. A combinação entre Pensamento e Percepção (TP) resulta em indivíduos que tendem a ser pensadores adaptáveis, costumam ser objetivos, céticos e curiosos. Elaboram sistemas consistentes e metódicos para poder compreender e liderar. Por sua vez, aqueles indivíduos que são Sentimento e Percepção (FP), os tipos gentis, costumam ser adaptáveis, buscam a harmonia e a cooperação e mostram preocupação com relação aos aspectos humanos dos problemas; lideram por meio do encorajamento e de ensinamentos. Por último, os chamados *administradores benevolentes* (Sentimento e Julgamento – FJ) costumam observar as pessoas e suas necessidades, trazendo harmonia para as relações; decidem com base em valores e tendem a ser líderes expressivos que inspiram e ensinam.

Como podemos concluir, todos esses tipos são importantes. É necessário avaliar cada situação, mas é fundamental que cada um tenha consciência sobre a sua tendência de agir.

6.3

Administração de conflitos

Na maioria das vezes e para a maioria das pessoas, os conflitos devem ser evitados, porque são maléficos para as relações interpessoais e de grupo. Mas os conflitos estão presentes no cotidiano das organizações e podem emergir em todos os níveis, entre unidades, entre duas ou mais organizações, entre grupos etc. Frequentemente todos nós experienciamos conflitos internos, intrapessoais.

Para lidar com o conflito, uma vez constatado, o elemento fundamental do qual não se pode abrir mão é a **espontaneidade**. Esta permite a exposição do desejo, e a convivência entre desejos diferentes gera conflito.

É com a espontaneidade que o líder deve saber lidar. É na discussão, análise e avaliação do conflito que o grupo se manifesta (um diante do outro) e se chega ao momento de compartilhamento: todos dividem experiências e multiplicam possibilidades. Cada um individualmente e todos ao mesmo tempo se enriquecem, pois a convergência em torno do conflito exposto é também um movimento interior de elucidação e compreensão do próprio conflito interno (ainda que não verbalizado). O conflito jamais será resolvido – apenas administrado (Schirato, 2000).

Segundo Moscovici (1982), quando as pessoas percebem, sentem, pensam e agem de formas diferentes, naturalmente se colocam em posições opostas, pelas divergências de ideias e de percepção, o que caracteriza um conflito. Logo, o conflito nada mais é do que uma situação de divergência, em que duas pessoas veem uma situação de modos diversos, pois, naturalmente, são também diferentes em seus interesses ou necessidades em decorrência de suas características individuais.

De acordo com Moscovici (1982, p. 88), "o conflito não é em si patológico, nem destrutivo, pode ter consequências funcionais ou disfuncionais dependendo de sua intensidade, estágio de evolução, contexto e forma como é tratado".

Como funções positivas do conflito, segundo o mesmo autor, podemos citar que ele evita estagnação, estimula o interesse, descobre os problemas e demanda solução. Muitas vezes, é a partir do conflito que surgem novas ideias, novas oportunidades de ações e resoluções de problemas.

Mas, para lidar com um conflito e administrá-lo de forma correta, é fundamental, antes de tudo, compreender sua dinâmica e sua causa.

Na abordagem de alguns autores (Quinn et al., 2003), em geral os conflitos seguem uma determinada sequência:

1. O conflito permanece latente, não é detectado, percebido, mas já está presente o potencial confronto.
2. As pessoas têm consciência cognitiva e emocional das divergências, ambas as partes já entendem e atribuem ao outro a intenção e existem reações emocionais que podem aparecer em forma de raiva, hostilidade, ansiedade etc.

3. Neste estágio o conflito está evidenciado e pode ser intensificado ou resolvido. Os indivíduos podem manifestar comportamentos tais como agressões verbais, boicotes, confrontos.
4. Segue-se o desfecho ou resultado, que depende dos estágios anteriores. O desfecho pode trazer efeitos funcionais ou disfuncionais.

É possível também levantar algumas formas possíveis de se lidar com o conflito, sendo algumas mais eficazes que outras, dependendo do momento, do perfil e objetivo do grupo. É isso o que veremos na sequência.

Métodos de administração de conflito: abordagens de resolução

Para Moscovici (1982), existem as seguintes formas de se lidar com os conflitos, sendo que cada uma apresenta riscos e vantagens. Vejamos na sequência algumas delas:

a. Evitar o conflito

Uma das formas descritas pela autora para evitar o conflito é procurar formar grupos mais homogêneos, com afinidades de pontos de vista, valores, metas, métodos etc.

Ocorre quando o líder detém o controle sobre as relações interpessoais de seus liderados, separando os agressivos ou divergentes no planejamento das tarefas, evitando assuntos controversos nas reuniões, manipulando, enfim, as condições ambientais, físicas e sociais. Porém, há que se destacar o risco de redução ou extinção da criatividade e da riqueza de ideias existentes nas diferenças (Moscovici, 1982, p. 90).

b. Reprimir o conflito

De acordo com Moscovici (1982), para reprimir o conflito, a liderança pode fazer uso da repressão, demonstrando e agindo de forma a punir as discordâncias e a expressão de ideias divergentes; em contrapartida, oferece recompensa a ações cooperativas e cumprimento de normas organizacionais. Essa estratégia pode ser interessante quando os objetivos são de curto prazo, porém vale ressaltar que existem riscos, pois os sentimentos reprimidos, não sendo expressos, podem ser direcionados de maneira destrutiva; o grupo pode eleger "bodes expiatórios", "culpados" por tudo o que ocorre de errado ou inadequado.

c. **Aguçar as diferenças em conflito**

Neste caso, Moscovici (1982, p. 91) ressalta que

> o líder reconhece e aceita as divergências e procura criar uma situação para a expressão aberta do conflito. Essa abordagem permite esclarecimento e aprendizagem, mas devem ser analisados aspectos como o custo-benefício e o que fazer após a expressão do conflito para fortalecer o relacionamento dos oponentes. No calor da discussão, muitas coisas podem ser ditas que causam ressentimentos difíceis de trabalhar depois. Para optar por essa abordagem, é necessário que o líder seja muito hábil e esteja preparado para lidar com possíveis dificuldades pelo aumento das divergências. Nem sempre a liderança tem essa leitura do grupo e consegue lidar de forma produtiva.

Uma outra alternativa de abordagem na resolução de problemas, também apresentada por Moscovici (1982), leva o indivíduo a aceitar as discordâncias como sendo potencialmente vantajosas, enriquecendo seus próprios objetivos, ideias e procedimentos. Nesse caso, é possível explorar as diferentes argumentações e pontos de vista, porém há que se planejar cuidadosamente a condução desse processo. É importante e necessário que haja um clima de abertura e confiança para que se possa avaliar as ideias de forma objetiva, expressar os sentimentos, trabalhar as divergências com o objetivo claro de chegar a alternativas que possam atender a todos os envolvidos, fazendo emergir sentimentos de qualificação e cooperação, de modo que não haja vencedores ou perdedores.

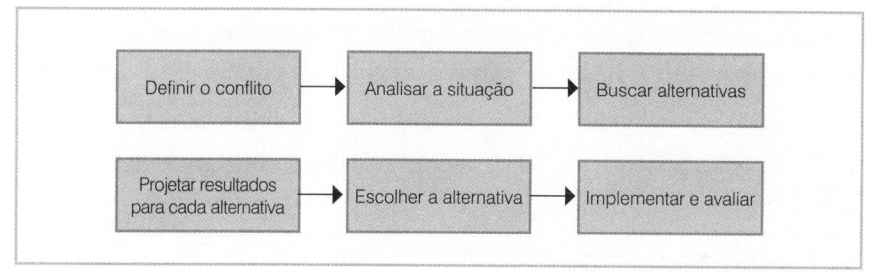

Figura 5 – Alternativa para a administração de conflitos

Definir o conflito → Analisar a situação → Buscar alternativas

Projetar resultados para cada alternativa → Escolher a alternativa → Implementar e avaliar

Fonte: Adaptado de Robbins, 1998; Quinn et al., 2003; Moscovici, 1982.

Para autores como Moscovici (1982), Robbins (1998) e Quinn et al. (2003), é necessário:

- tomar consciência de que o conflito existe;
- descobrir o real conflito, o "verdadeiro" motivo das divergências;
- chamar os envolvidos e ouvir os diferentes pontos de vista;
- estimular a discussão, a reflexão, a exploração conjunta de diferentes possibilidades de solucionar o conflito;
- descobrir e estimular um acordo para uma solução do conflito e levar os envolvidos a assumir a responsabilidade;
- realizar um *follow-up*, um monitoramento das decisões que foram implementadas e, se necessário, fazer correções e apresentar novas orientações.

Podemos observar nas organizações que, na maioria das vezes, o conflito não é percebido como produtivo, como uma oportunidade de amadurecimento da equipe. À medida que os indivíduos conseguem enxergar as divergências como enriquecedoras, deixam de disputar poder e ter atitudes competitivas e partem para a busca de soluções conjuntas, cooperativas, o que promove a evolução nas relações organizacionais.

A solução de problemas e a resolução de conflitos dependem da forma como o líder estimula a sua equipe. Se as pessoas entendem e percebem esses processos como naturais no ambiente organizacional e são incentivadas a lidar com eles de forma construtiva e cooperativa, se conseguem ter abertura para expressar seus sentimentos positivos ou negativos sobre determinada situação, os resultados tendem a ser mais produtivos e a equipe desenvolve sua maturidade. Quanto maior a maturidade do grupo, maior a adequação da expressão de todo tipo de sentimento, como a hostilidade e a frustração. Assim, com o estímulo do líder, a equipe pode canalizar suas energias para as tarefas necessárias e alcançar melhores resultados.

Quando o indivíduo não percebe a abordagem de resolução de problemas como positiva, pode tentar encontrar formas de desqualificar e enfraquecer aqueles que têm pontos de vista diferentes dos seus.

Finalmente, o papel do gestor é fundamental nos processos de mudança e inovação, pois é ele o responsável pela formação das equipes e por estimular um ambiente organizacional de aprendizagem, no qual as pessoas, que são os agentes transformadores, possam compartilhar valores, crenças, pensamentos e contribuir para um processo de inovação sustentada.

Neste último capítulo, abordamos o processo decisório, suas etapas dentro do modelo racional e o gerenciamento de conflitos. E aqui finalizamos nossas reflexões. Desejamos que este conteúdo tenha contribuído para a melhoria de cada um, primeiro como ser humano, depois como profissional, como líder/gestor, como colega de trabalho, enfim, como cidadão, que tem responsabilidades mas que, acima de tudo, respeita a si mesmo e ao outro, porque só assim será possível construir ambientes mais saudáveis e produtivos dentro das empresas.

Indicação cultural

JAMAICA abaixo de zero. Direção: Jon Turteltaub. Produçã: Dawn Steel. EUA: Buena Vista Pictures, 1993. 97 min.

O filme apresenta uma equipe com autoestima baixa e que a princípio não acredita ser capaz de competir. Porém, acaba decidindo participar de uma grande competição, e os resultados são surpreendentes. A história mostra a importância da valorização da equipe e da definição de objetivos para o alcance de resultados.

Depois de assistir ao filme, procure discutir com seus colegas e identificar os aspectos que contribuíram para o sucesso da equipe mostrada na narrativa. Estabeleça relações com a teoria e sua prática diária.

Síntese

Para estudar e compreender a gestão, há que se entender, primeiro, o ser humano e começar, portanto, com o conhecimento de si mesmo. Vimos que a autoimagem, a consciência dos próprios sentimentos, potencialidades e limitações, oferece um panorama de como as relações e o ambiente serão construídos. É fundamental lembrar que a organização é formada por pessoas que têm seus anseios, objetivos, sentimentos, facilidades e dificuldades e é nesse espaço que as relações acontecem. O ambiente das empresas serve de arena para as expressões das diferenças e necessidades individuais e, de acordo com a teoria do MBTI, essas diferenças são decorrentes das preferências pessoais dos indivíduos e trazem consequências para as relações interpessoais. É nesse espaço que o gestor assume seu papel e pode contribuir para a obtenção de resultados à medida que for se tornando mais consciente e preparado para lidar consigo e com os outros.

Procuramos trazer o conceito de comunicação e deixar claro seu papel nas relações interpessoais. É pela comunicação que estabelecemos nosso lugar no mundo, imprimimos a nossa marca, transmitimos ideias e opiniões, compartilhamos sentimentos. O objetivo da comunicação é a busca de reconhecimento e aceitação; trata-se de uma necessidade humana, que depende de alguns fatores, como a percepção e a competência interpessoal. Quanto mais apuradas a percepção e a capacidade de lidar com as relações interpessoais, maior a probabilidade de que haja menor distorção no processo de comunicação. Quanto menos desenvolvidas essas habilidades e o processo perceptivo, maior será a probabilidade de distorção, tornando-se a comunicação, consequentemente, um dificultador das relações com os outros. Vimos, ainda, que aspectos como estado físico e emocional, nível de interesse, timidez, dificuldade de expressão de quem envia e de quem recebe a mensagem podem ser ruídos que impactam no processo comunicacional, dificultando as relações, seja na empresa, seja na vida pessoal. A passividade, a agressividade e a assertividade são as três categorias básicas da comunicação e do comportamento humano. Cada um de nós é 50% responsável pela forma de continuidade no processo de comunicação com o outro, pois somos nós que escolhemos responder de forma agressiva, passiva ou assertiva.

O líder pode contribuir para a clareza na comunicação na medida em que adota uma postura clara, que possibilita a instauração de um clima saudável e propício para o *feedback*, estimulando, com isso, o constante crescimento e desenvolvimento de relações de confiança entre os integrantes da equipe. Também destacamos a importância de se dar e receber *feedback* para a ampliação do autoconhecimento e do crescimento constantes.

Quando uma equipe é coesa, com objetivos e papéis claros e existe a troca de *feedback* construtivo, é possível criar um ambiente propício ao crescimento e ao desenvolvimento de todos na empresa. Respeito, coerência e confiança são ingredientes que fazem a diferença nesse processo e que estão diretamente ligados à figura do gestor.

Quanto mais o líder tiver consciência de si mesmo, perceber-se e perceber o outro, saber ouvir, reconhecer seus sentimentos, tiver habilidade para dar *feedbacks* e maturidade para recebê-los, preocupar-se em desenvolver sua equipe, melhores serão seus resultados, maiores serão a cooperação e o nível de satisfação de clientes internos e externos, o que não significa ausência de dificuldades ou problemas, mas sim presença de condições para discutir e superar crises e divergências. Os diferentes estilos de liderança trazem diferentes resultados para a empresa e para o líder e têm influência direta nas decisões. Não existe a melhor forma ou uma forma que garanta o sucesso da decisão tomada; é preciso decidir de acordo com a situação, e isso exige preparo, sensibilidade e coerência por parte do líder.

Concluímos que cabe ao gestor/líder desenvolver a equipe, promover a autonomia a partir do crescimento da equipe, com participantes que pensem de forma crítica, que tenham mais autoconfiança, que confiem em seus pares e, com isso, tenham maior disponibilidade e preparo para enfrentar situações novas e desenvolver seu potencial criativo, além de se tornar mais produtivos e transformar sua maneira de pensar e sentir, bem como adquirir uma nova percepção e consciência das possibilidades de mudança das realidades organizacionais interna e externa.

Ora, quem faz a mudança são as pessoas impulsionadas pelo líder, mas, para que o líder/gestor tenha segurança suficiente para desenvolver a equipe e não se sentir ameaçado, é necessário que tenha um bom nível de autoconhecimento, o que o leva a ter consciência de seus pontos fortes e fracos, além de favorecer e principalmente perceber no outro o potencial de desenvolvimento, contribuindo para que os indivíduos na equipe compartilhem constantemente, trazendo melhores resultados para a organização e as pessoas.

Referências

ALBERTI, R. E.; EMMONS, M. L. **Comportamento assertivo**: um guia de autoexpressão. Belo Horizonte: Interlivros, 1983.

ALBUQUERQUE, F. J. B. de; PUENTE-PALACIOS, K. E. Grupos e equipes de trabalho nas organizações. In: ZANELLI, J. C.; BORGES-ANDRADE, J. E.; BASTOS, A. V. B. (Org.). **Psicologia, organizações e trabalho no Brasil**. Porto Alegre: Artmed, 2004. p. 357-379.

AMORIM, M. C. S. Comunicação planejada, recurso fundamental para a eficácia da gestão organizacional. **Cadernos de Pesquisas em Administração**, São Paulo, v. 1, n. 9, 2. trim. 1999. Disponível em: <http://www.cristinaamorim.com.br/artigos.html>. Acesso em: 8 abr. 2011.

ARGYLE, M. **A interação social**: relações interpessoais e comportamento social. Rio de Janeiro: Zahar, 1976.

BERNE, E. **O que você diz depois de dizer olá?** A psicologia do destino. São Paulo: Nobel, 1988.

BOWDITCH, J.; BUONO, A. F. **Elementos de comportamento organizacional**. São Paulo: Pioneira Thomson Learning, 1992.

CHIAVENATO, I. **Gestão de pessoas**: o novo papel dos recursos humanos nas organizações. 2. ed. Rio de Janeiro: Campus, 2005.

CHOPRA, D. A alma da liderança: um líder precisa entender a hierarquia das necessidades dos seguidores para dar as respostas certas que possam satisfazê-los. **HSM Management**, São Paulo, ano 6, n. 33, jul./ago. 2002. Disponível em: <http://xa.yimg.com/kq/groups/27817351/905479356/name/UNKNOWN_PARAMETER_VALUE>. Acesso em: 8 abr. 2011.

COHEN, A. R.; FINK, S. L. **Comportamento organizacional**: conceitos e estudos de casos. 7. ed. Rio de Janeiro: Campus, 2003.

COTTON, J.; TUTTLE, J. Employee Turnover: a Meta-Analysis and Review with Implications for Research. **Academy of Management Review**, v. 2, n. 1, p. 55-70, Jan. 1986.

COVEY, S. R. **Os 7 hábitos das pessoas altamente eficazes**. 10. ed. São Paulo: Best Seller, 2002.

DAVEL, E.; VERGARA, S. C. (Org.). **Gestão com pessoas e subjetividade**. São Paulo: Atlas, 2001.

DOTLICH, D. L.; CAIRO, P. C. **Por que os executivos falham?** – 11 pecados que podem comprometer sua ascensão e como evitá-los. Rio de Janeiro: Elsevier, 2003.

DRUCKER, P. **O gerente eficaz**. Rio de Janeiro: LTC, 1990.

DUTRA, J. S. **Gestão de pessoas**: modelo, processos, tendências e perspectivas.

São Paulo: Atlas, 2002.

FINEMAN, S. Emotional Arenas Revisited. In: FINEMAN, S. (Ed.). **Emotion in Organizations**. 2. ed. London: Sage Publications, 2000.

GOLEMAN, D. **Inteligência emocional**: a teoria revolucionária que redefine o que é ser inteligente. 16. ed. Rio de Janeiro: Objetiva,1995.

GONDIM, S. M. G.; SIQUEIRA, M. M. M. Emoções e afetos no trabalho. In: ZANELLI, J. C.; BORGES-ANDRADE, J. E.; BASTOS, A. V. B. (Org.). **A psicologia, organizações e trabalho no Brasil**. Porto Alegre: Artmed, 2004. p. 207-236.

GUIMARÃES, S. H. S. Cultura de comunicação e identidade organizacional: desafios da imagem de instituições de ensino superior. **Comunicação & Estratégia**, v. 3, n. 6, 1. sem. 2007. Disponível em: <http://www.comunicacaoempresarial.com.br/revista/06/artigos/artigo13.asp>. Acesso em: 18 fev. 2011.

HAYES, R. H; WHEELWRIGHT, S. C.; CLARK, K. B. **Dynamic Manufacturing**: Creating the Learning Organization. New York: The Free Press, 1988.

HELLER, A. **Teoría de los sentimientos**. 2. ed. Barcelona: Fontamara, 1982.

HESSELBEIN, F.; GOLDSMITH, M.; BECKHARD, R. (Ed.). **O líder do futuro**: visões, estratégias e práticas para uma nova era. São Paulo: Futura, 1996.

JAMES, M.; JONGEWARD, D. **Nascido para vencer**. São Paulo: Brasiliense, 1978.

JUNG, C. G. **Tipos psicológicos**. Rio de Janeiro: Zahar, 1974.

KOTTER, J. P. **Afinal, o que fazem os líderes**: a nova face do poder e da estratégia. 4. ed. Rio de Janeiro: Campus, 2000.

KRAUSZ, R. R. **Compartilhando o poder nas organizações**. São Paulo: Nobel, 1991.

_____. **Trabalhabilidade**. São Paulo: Nobel, 1999.

LARANJA, M. Discutindo a gestão de ensino básico. In: COLOMBO, S. S. (Org.). **Gestão educacional**: uma nova visão. Porto Alegre: Artmed, 2004. p. 238-248.

LUFT, J. **Group processes**: an Introduction to Group Dynamics. Palo Alto: Mayfield Publishing Company, 1963.

LUFT, J.; INGHAM, H. **The Johari Window**: a Graphic Model for Interpersonal Relations. Washington, DC.: Human Relations Training News, 1961.

MARCHIORI, M. Comunicação é cultura e cultura é comunicação. **Comunicação Empresarial**, São Paulo, ano 8, n. 31, p. 28-31, 2. trim. 1999.

MOREIRA, C. M.; COELHO, C. U.; PINHEIRO, A. **Habilidades gerenciais**. Rio de Janeiro: Senac Nacional, 1997.

MORTENSEN, C. D. **Teoria da comunicação**: textos básicos. São Paulo: Mosaico, 1979.

MOSCOVICI, F. **Desenvolvimento interpessoal**: treinamento em grupo. Rio de Janeiro: J. Olympio, 1982.

_____. **Razão e emoção**: a inteligência emocional em questão. Salvador: Casa da Qualidade, 1997.

MOTTA, P. R. **Transformação organizacional**: a teoria e a prática de inovar. 2. ed. São Paulo: Atlas, 1989.

MYERS, I. B.; MYERS, P. B. **Ser humano é ser diferente**: valorizando as pessoas por seus dons especiais. São Paulo: Gente, 1997.

OLIVEIRA, S. **Geração Y**: o nascimento de uma nova versão de líderes. São Paulo: Integrare, 2010.

PARKER, G. M. **O poder das equipes**. Rio de Janeiro: Campus, 1995.

QUINN, R. E. et al. **Competências gerenciais**: princípios e aplicações. Rio de Janeiro: Elsevier, 2003.

RECTOR, M.; TRINTA, A. R. **A**

comunicação não verbal: a gestualidade brasileira. Petrópolis: Vozes, 1985.

ROBBINS, S. P. **Comportamento organizacional**. Rio de Janeiro: LTC, 1998.

RUGGIERO, A. P. **Qualidade da comunicação interna**. 8 out. 2002. Disponível em: <http://www.rh.com.br/Portal/Comunicacao/Artigo/3388/qualidade-da-comunicacao-interna.html>. Acesso em: 21 out. 2010.

SCHEIN, E. H. **Guia de sobrevivência da cultura corporativa**. Rio de Janeiro: J. Olympio. 2001.

SCHIRATO, M. A. R. **O feitiço das organizações**: sistemas imaginários. São Paulo: Atlas, 2000.

SCHMIDT, M. C. **Emoções no grupo de trabalho**: um estudo de história oral de vida. 2006. 306 f. Dissertação (Mestrado em Administração) – Universidade do Vale do Itajaí, Itajaí, 2006.

SCHUTZ, W. **Profunda simplicidade**: uma nova consciência do eu interior. São Paulo: Ágora, 1989.

SILVA, A. B.; REBELO, L. M. B. A emergência do pensamento complexo nas organizações. **Revista de Administração Pública**, Rio de Janeiro, v. 37, n. 4, p. 777-796, jul./ago. 2003.

SMITH, M. J. **Quando digo não, me sinto culpado**. Rio de Janeiro: Record, 1975.

SOTO, E. **Comportamento organizacional**: o impacto das emoções. São Paulo: Pioneira Thomson Learning, 2005.

STONER, J. A.; FREEMAN, R. E. **Administração**. 5. ed. Rio de Janeiro: Prentice Hall do Brasil, 1995.

TANNENBAUM, R et al. **Liderança e organização**: uma abordagem à ciência do comportamento. Trad. de Auriphebo B. Simões. São Paulo: Atlas, 1970.

THUMS, J. **Educação dos sentimentos**. Porto Alegre: Ed. da Ulbra,1999.

TOPPING, P. A. **Liderança e gestão**. Rio de Janeiro: Campus, 2002.

TUSHMAN, M.; NADLER, D. Organizando-se para a inovação. In: STARKEY, K. (Org.). **Como as organizações aprendem**: relatos do sucesso das grandes empresas São Paulo: Futura, 1997. p. 166-189.

VAN DEN STEEN, E. **On the Origin of Shared Beliefs (and Corporate Culture)**. Preliminary and incomplete. Mar. 28, 2004. Disponível em: <http://www.stern.nyu.edu/eco/seminars/IOSeminarPapers/vandersteen.pdf>. Acesso em: 21 out. 2010.

VISCOTT, D. S. **A linguagem dos sentimentos**. São Paulo: Summus, 1982.

ZANINI, M. **Confiança**: o principal ativo intangível de uma empresa. Rio de Janeiro: Elsevier, 2007.

Bibliografia comentada

DOTLICH, D. L.; CAIRO, P. **Por que os executivos falham?** 11 pecados que podem comprometer sua ascensão e como evitá-los. Rio de Janeiro: Elsevier, 2003.

A obra convida a uma reflexão sobre fatores que levam os líderes a falharem com sua equipe, que atitudes contribuem para isso. De acordo com os autores, as falhas são decorrentes das atitudes e do jeito de ser dos líderes, porém, na maioria das vezes, estes não têm consciência disso e do quanto seu comportamento impacta negativamente na liderança.

THUMS, J. **Educação dos sentimentos**. Porto Alegre: Ed. da Ulbra,1999.

Esse livro, ao tratar dos sentimentos, busca encontrar alternativas para um mundo mais humano, onde o conhecimento possa efetivamente ser útil e consistente e baseado na compreensão e no equilíbrio entre razão e emoção.

WOOD, P. **Os segredos da comunicação interpessoal**: usando a arte da comunicação para melhorar a sua vida e a dos outros. Rio de Janeiro: Bertrand Brasil, 2007.

Esse livro trata a comunicação como uma arte. Perry Wood destaca que a comunicação pode contribuir para o aumento do nosso autoconhecimento e a melhoria das nossas relações interpessoais em diferentes esferas.

ZANINI, M. T. **Confiança**: o principal ativo intangível de uma empresa. Rio de Janeiro: Elsevier, 2007.

Essa obra aborda o tema "confiança" aplicado à organização e contribui para entender as condições e os benefícios de uma gestão fundamentada nesse princípio. De acordo com o autor, as relações de confiança podem criar "vantagem competitiva e sustentabilidade empresarial".

Segunda parte

Estratégia, planejamento e competitividade

Pedro Monir Rodermel

Sobre o autor

Pedro Monir Rodermel é economista, formado pela Universidade da Região de Joinville – Univille (1985), especialista em Administração de Empresas pela Fundação Escola de Comércio Álvares Penteado – Fecap, da Faculdade de Ciências Econômicas de São Paulo (1990) e especialista em Metodologias Inovadoras Aplicadas à Educação pelo Centro Universitário Uninter (2005).

É docente nas áreas de economia e planejamento estratégico nos cursos de graduação em Administração, Contabilidade e Turismo do Centro Universitário Uninter e em cursos de pós-graduação na mesma instituição. Como microempresário, atua no setor de vendas e representação comercial há mais de quinze anos.

Introdução

Os seis capítulos seguintes tratam de temas como planejamento, estratégia, competitividade, forças competitivas, redes de empresas e pensamento estratégico.

O plano estratégico e a sua importância para a competitividade de uma organização são examinados no primeiro capítulo. É nessa parte que discutimos o setor, os clientes, a concorrência e os recursos de uma empresa.

As cinco forças competitivas de Porter – concorrência, fornecedores, compradores, produtos substitutos e novos entrantes – são abordadas no segundo, terceiro e quarto capítulos. Cada um desses fatores é analisado individualmente para um melhor entendimento de suas peculiaridades.

No quinto capítulo, discutimos um tema bastante relevante para as micro, pequenas e médias empresas: a formação de redes de empresas. Sob esse prisma, descrevemos também um modelo para a formação dessas redes e a importância dessa estratégia para a sobrevivência dessas empresas.

Por fim, apresentamos três pensamentos estratégicos como forma de dar a você maiores subsídios sobre o assunto. Ansoff, Porter e Mintzberg são os autores cujo pensamento estratégico nos propomos a analisar.

Para ajudá-lo a aprofundar-se nos diversos temas tratados, buscamos leituras de textos complementares na Confederação Nacional da Qualidade, artigos em variadas fontes e estudos de caso, contemplando especialmente algumas histórias de sucesso e que permitem que você entenda cada passo traçado rumo à competitividade e à sobrevivência do negócio.

Nas seções "Indicações culturais" e "Bibliografia comentada" você encontra algumas indicações de livros que irão contribuir para a prática referente aos assuntos tratados nesta obra. É muito importante que você busque informações adicionais por meio de textos, artigos, estudos de caso e livros sugeridos ou por outras fontes às quais você tenha maior facilidade de acesso.

É um prazer compartilhar este tema com você!

1
Estratégia e competitividade

Vamos entender o que é competitividade! É motivo de muita satisfação trabalhar esse tema, uma vez que é fundamental para a sobrevivência das organizações, entendidas como a soma de recursos, tangíveis e intangíveis, que buscam atingir alguns objetivos.

Por recursos tangíveis entendem-se todos os bens que podem ser vistos e quantificados em uma organização, como máquinas, equipamentos, utensílios, veículos, terrenos, obras civis, recursos naturais, entre outros. Já os recursos intangíveis são aqueles bens que não possuem características físicas, mas nem por isso deixam de ser um recurso e um valor para as organizações. São exemplos de bens intangíveis o nome da marca, os direitos autorais, as patentes, o conhecimento tecnológico desenvolvido por uma empresa, o emprego de pessoal qualificado, os procedimentos eficientes, entre outros.

Muitas vezes, torna-se difícil identificar sobre qual recurso estamos discutindo, mas o importante é saber que tanto os recursos tangíveis quanto os intangíveis podem apresentar vantagem para a empresa. Se, de um lado, uma máquina pode propiciar o aumento da produção, de outro, as melhorias em certas rotinas de trabalho podem resultar em melhor integração entre as atividades, respondendo com maior agilidade às demandas de mercado. Portanto, tanto os bens tangíveis quanto os intangíveis correspondem a uma riqueza das empresas.

Neste primeiro capítulo, trataremos do plano estratégico e de algumas atividades que possibilitam melhorar ou adequar o modo de elaboração do planejamento diante das metas e dos objetivos que a organização pretende alcançar.

Apresentaremos os componentes que devem ser analisados considerando-se o setor ao qual a empresa pertence: a estrutura, os relacionamentos, os mercados e as finanças. Os clientes e a concorrência serão abordados como importantes elementos que definem um plano estratégico. Outro assunto de destaque serão os recursos da empresa e o que faz uma organização ser especial. A avaliação das condições financeiras básicas de uma empresa permite a elaboração de uma projeção financeira e de um orçamento bastante realista para o cumprimento desse plano, importante ferramenta para garantir a competitividade do empreendimento.

1.1
O plano estratégico

Partindo do princípio de que planejar é uma atitude que envolve o pensar e o agir em face de um futuro incerto, entendemos que, ao agirmos em relação a esse futuro, é necessário traçar caminhos que assegurem o atingimento das propostas ou objetivos almejados, justamente em razão de termos consciência dessa incerteza.

Aqui já se apresenta um importante componente do planejamento. O planejar depende do quanto o envolvido no processo é capaz de refletir e formar um juízo sobre os acontecimentos e, com base nessa capacidade, entender todos os desdobramentos que aqueles eventos podem ocasionar. Daí a importância de essa atividade não ser individual. O envolvimento de mais pessoas nesse processo permite agregar outras visões, uma diversidade de ponderações, enriquecendo a **visão de futuro** e possibilitando maior assertividade nas decisões.

No campo organizacional, é disto que trata o planejamento estratégico: uma visão específica do futuro de uma empresa. Portanto, o plano estratégico apresenta uma visão do futuro. Para uma empresa que está começando suas atividades, esse instrumento apresenta maneiras de se estabelecer no mercado; para uma empresa que já atua há mais tempo, o plano apresenta formas de se preparar melhor; uma pequena empresa faz o plano estratégico para ter certeza de sua sobrevivência nos primeiros anos; uma grande empresa, por sua vez, o utiliza para fortalecer sua posição e a participação de seus funcionários.

Além de criar uma visão de futuro, o plano estratégico oferece a possibilidade de se analisar o **desempenho** de uma empresa ao longo dos anos. Se o plano faz projeções sobre metas a serem atingidas no futuro, é possível analisar, ao longo do tempo, os objetivos traçados e o grau de cumprimento desses objetivos. O plano, portanto, não é uma atitude estática. Não se faz um plano estratégico somente uma vez na vida: faz-se e refaz-se o plano constantemente, levando-se em conta os objetivos propostos, o grau de atingimento desses objetivos e dos novos objetivos necessários em face das novas realidades e necessidades da empresa.

O plano estratégico também pode e deve ser compartilhado com aqueles que apresentam interesses comuns aos da empresa. Os fornecedores, os distribuidores, os grandes clientes, os investidores, o conselho de diretores são exemplos de pessoas que dividem o interesse com os caminhos traçados pela organização.

O plano estratégico proporciona uma visão acerca da atual posição da empresa e de todas as mudanças por que ela passou, apresenta os projetos e as concepções para o futuro e permite ajustamentos para que o negócio possa adequar-se aos novos cenários que vão se apresentando ao longo dos anos. Para Tiffany e Peterson (1998), o plano deve conter principalmente as seguintes descrições: como será o setor em que a empresa atuará; quais são os mercados em que vai competir; quem são os competidores desse mercado; quais são os produtos e/ou serviços oferecidos aos clientes; quais são os valores e os diferenciais apresentados pela sua oferta; quais são as vantagens que a empresa apresentará ao longo do tempo; quais são o porte e a lucratividade da empresa.

A estratégia está profundamente ligada às escolhas das formas de competir. Leva em conta onde, como, quando e com quem competir. Para Porter (1999, p. 28), "a essência da formulação estratégica consiste em enfrentar a competição". Para que exista a **competição**, é necessário que existam concorrentes no mercado. É a **concorrência** que se encontra no centro das causas de sucesso ou fracasso de uma determinada empresa. Para Ohmae, citado por Montgomery e Porter (1998), a competição é importante na medida em que ela permite um olhar mais aguçado sobre os clientes. Portanto, essa concorrência deve fazer com que a empresa aprimore suas atividades, introduza inovações, programe novos atributos ao produto ou serviço que está oferecendo, de modo que venha ao encontro dos clientes.

A criação do plano estratégico exige esforços no sentido de atender a alguns requisitos que levam em conta a atual situação e o futuro da empresa. Exige uma análise cuidadosa e de muito bom senso. Quem participa do plano – dependendo do tamanho da empresa, muitos são os envolvidos – precisa estar consciente de que talvez o plano necessite de mudanças ou adaptações no meio do caminho.

Os envolvidos devem ter a capacidade de entender o grau de responsabilidade inerente à ação de escolher caminhos para serem trilhados por toda uma organização. As discussões vão além dos departamentos que cada um representa. A empresa deve ser vista como um organismo único e vivo, com toda a sua capacidade de reação diante dos desafios que o mercado apresenta. O planejamento estratégico trata da sobrevivência da instituição.

Para colocar o plano estratégico no papel, Tiffany e Peterson (1998) enumeram algumas atividades que exigem dedicação e tempo para análise. O estudo do setor, os clientes, a concorrência, os recursos da empresa, o diferencial da empresa, as condições financeiras, as projeções e o orçamento são itens que requerem um exame cuidadoso, já que são cruciais para o estabelecimento de metas e objetivos organizacionais. Vamos comentar cada um desses importantes itens.

Analisar cuidadosamente o setor

Os quatro principais componentes da análise de um setor são a sua estrutura, os relacionamentos, os mercados e as finanças. No componente *estrutura do setor*, estão agregadas a concorrência, as novas tecnologias, as barreiras à entrada e as barreiras à saída. Já no componente chamado *relacionamentos* estão os fornecedores, os clientes e os distribuidores. O tamanho e o crescimento do mercado, a escolha de produtos e os produtos substitutos integram o item *mercados*. No componente *finanças* estão agrupadas as tendências de custos e as margens de lucro.

Para fazer uma análise cuidadosa do setor, a empresa pode utilizar um questionário como forma de verificar até que ponto conhece o setor em que está ou pretende atuar. Para obter informações sobre esse questionário, leia os materiais comentados na seção "Indicações culturais" ao final da Parte 2 do livro.

Tiffany e Peterson (1998) alertam para o fato de que as principais **forças** que atuam no seu setor devem ser levadas em conta no seu plano estratégico:

- A quantidade e o tamanho dos concorrentes é que estabelecem a estrutura do setor em que se atua ou se deseja atuar.
- O tamanho do mercado e a velocidade em que ele cresce geram a agressividade da concorrência.
- O relacionamento com os fornecedores, os clientes e os distribuidores determina a eficácia do negócio.
- Manter os custos baixos e os lucros altos é uma maneira de a empresa ser bem sucedida.

É possível encontrar diversos dados para uma boa análise de setor em fontes governamentais, nas associações comerciais, nas bibliotecas, em faculdades e universidades, nos provedores de dados *on-line* e em contatos diretos com o setor (distribuidores, fornecedores e vendedores).

Conhecer os clientes

Uma empresa pode descrever e avaliar seus clientes dividindo-os por país, região, cidade ou bairro. Pode considerar a idade, o gênero, a profissão, a renda e a escolaridade deles ou ainda levar em conta aspectos como passatempos, local de férias e restaurantes frequentados. Pode também avaliar os clientes dos seus concorrentes. Analisar esses clientes vai mostrar o que a sua empresa não oferece. Apesar de essa análise apresentar algumas dificuldades e, não raro, ser muito dispendioso obtê-la, é possível descobrir o perfil dos clientes da concorrência participando-se de feiras, convenções e conferências, bem como observando-se grupos de compradores em locais específicos.

O importante é aproximar-se o máximo possível do **cliente real** e do **cliente em potencial**, aquele que ainda não compra o seu produto, mas poderá comprá-lo. Apesar de se dividirem os clientes em diversos grupos, o importante é não analisar os clientes de forma muito limitada; o ideal é tentar entender os comportamentos gerais dos clientes e as necessidades básicas que definem o mercado em que se atua ou se quer atuar. A empresa também não deve pensar somente nos produtos que estão sendo oferecidos sob o risco de perder oportunidades de negócios ou o seu produto tornar-se obsoleto ou substituível muito facilmente. Importante é ficar atento às necessidades atuais e às necessidades futuras dos clientes!

Conhecer os concorrentes

A concorrência não é de modo algum prejudicial. Ela força uma empresa a melhorar suas estratégias, aperfeiçoar seus produtos e abrir os olhos para o que ela tem de melhor. A análise dessa concorrência permite que uma empresa enfrente melhor os desafios de apresentar benefícios de um produto e serviço em relação a preço e diferenciais de qualidade.

Uma das formas de analisar os concorrentes é dividi-los em grupos, classificando os que têm as mesmas características, os que atuam de forma semelhante, os que evidenciam capacidades semelhantes e os que buscam as mesmas estratégias.

Para melhor conhecê-los, é indicado proceder da seguinte forma:

- dividir os concorrentes em pequenos grupos, com base no grau de semelhança entre eles;
- adicionar a empresa em um dos grupos, levando em conta o grupo com o qual ela apresenta maior similaridade;
- analisar todos os grupos;
- analisar mais cuidadosamente o grupo no qual a empresa foi adicionada;

- fazer os ajustes necessários, estabelecer outros critérios adicionais e formar novos grupos se necessário, sempre adicionando a empresa a um dos grupos, foco de uma análise mais pormenorizada.

Uma técnica usada com relação aos concorrentes é o *benchmarking*. Maximiano (2006) conceitua essa técnica como um modo de uma organização comparar o seu desempenho com o de outra. Para o autor, por meio do *benchmarking*, uma organização procura imitar outras organizações, sejam ou não suas concorrentes, não importando se forem de ramos de negócios diferentes, com o intuito de buscar as melhores práticas de administração.

Listar todos os recursos da empresa

Uma descrição da empresa leva em conta tudo o que esta tem a oferecer. Deve apresentar informações sobre os potenciais e os recursos da instituição e visa à análise do ambiente interno, entendendo-se que esse ambiente é o que apresenta as implicações mais imediatas e específicas para essa mesma organização e seu futuro próximo. Ou seja, essa descrição influencia a organização e é influenciada por ela. Para Tiffany e Peterson (1998), são diversos os aspectos internos de uma organização: aspectos organizacionais, aspectos relativos ao pessoal, ao *marketing*, à produção e aos serviços e às finanças.

No que se refere aos aspectos **organizacionais**, é importante analisar a estrutura da organização, a rede de comunicação, o registro dos sucessos, a hierarquia de objetivos, a política, os procedimentos e as regras e a habilidade da equipe administrativa.

Nos aspectos relativos ao **pessoal**, os autores destacam as relações trabalhistas, as práticas de recrutamento, os programas de treinamento, o sistema de avaliação de desempenho, o sistema de incentivos, a rotatividade e o absenteísmo.

No que se refere aos aspectos de *marketing*, verificam-se a segmentação, o produto ou serviço oferecido, os preços praticados, a promoção e a distribuição.

Quanto aos aspectos que se referem à **produção** e aos **serviços**, analisam-se o *layout* da organização, o uso da tecnologia, o controle de estoques, o uso de subcontratação e a aquisição das matérias-primas necessárias.

Em relação aos aspectos **financeiros**, observam-se as atividades, as oportunidades de investimentos, a lucratividade e a liquidez.

Ao fazer essa análise, é necessário selecionar os pontos fortes e os pontos fracos da empresa. Tiffany e Peterson (1998, p. 17) sugerem "examinar a empresa com os olhos de seus clientes". Para os autores, "muitas vezes, esta perspectiva pode ajudar a descobrir algum valor que você está oferecendo aos clientes e que desconhecia". É uma maneira de descobrir também novas alternativas para competir no mercado a longo prazo.

Descobrir o que torna a empresa especial

O que torna uma empresa diferente de outra, inicialmente, é sua capacidade de descrever o que faz, já que, com base nisso, ela consegue criar uma **cadeia de valor**, a qual inclui as atividades que são feitas para agregar valor aos produtos ou serviços, de modo que esses valores sejam percebidos pelo cliente. Logo, a vantagem competitiva está ligada a essa cadeia de valor.

Para Prahalad e Hamel, citados por Montgomery e Porter (1998), a sustentação dessa vantagem competitiva depende do foco da empresa e de sua constante análise e, de um modo cíclico, é necessário descrever o que ela faz, construir a cadeia de valor, buscar a vantagem competitiva e focalizar a competência essencial da empresa.

A cadeia de valor, segundo Montgomery e Porter (1998), é um conjunto de atividades desenvolvidas por uma empresa desde a concepção do produto até o serviço pós-venda. Portanto, tanto as atividades diretamente ligadas à produção quanto as atividades de apoio fazem parte dessa cadeia. As logísticas interna e externa, o processo operacional, o *marketing* e as vendas são exemplos de atividades primárias ou diretamente ligadas ao produto. A pesquisa e o desenvolvimento, a gestão de recursos humanos, a gestão financeira, o planejamento e a contabilidade são exemplos de atividades de apoio.

Avaliar as condições financeiras básicas

Alguns índices e relatórios financeiros são relevantes para o planejamento estratégico e devem merecer atenção e uma análise mais demorada. Trata-se do demonstrativo de resultados, do balanço patrimonial, do fluxo de caixa e da avaliação de índices financeiros. Entre os índices financeiros, são importantes as obrigações de curto prazo, as responsabilidades de longo prazo e a lucratividade relativa.

Os índices financeiros possibilitam uma comparação entre o **desempenho das empresas**, permitindo que uma organização conheça bem a situação de seus concorrentes. Alguns índices mostram como está a saúde financeira de uma empresa em termos de lucros, vendas, ativos e patrimônio. Outros índices mostram a solvência da empresa, isto é, se possui recursos para enfrentar as necessidades futuras.

Elaborar uma projeção financeira e um orçamento

Uma projeção financeira deve responder, por exemplo, a questões relativas às demandas de caixa para o ano seguinte, ao cumprimento das obrigações financeiras para os próximos três anos, aos lucros do próximo ano. Elaborar uma projeção é pensar no **futuro da empresa**, e isso deve ser feito de uma forma honesta e clara. Todos os dados já levantados sobre clientes, concorrência, situação atual da empresa, recursos disponíveis devem agora ser levados em conta da forma mais idônea possível. Se houver uma informação de um novo concorrente entrante no mercado, logicamente isso deve ser considerado em uma projeção de faturamento, influenciando em seu valor projetado. É preciso projetar uma receita e prever os custos envolvidos. O fluxo de caixa também deve ser projetado, já que ele apresenta todas as entradas e saídas de caixa e mostra o destino que será dado ao dinheiro.

O orçamento, por sua vez, reflete a origem e o destino dos recursos financeiros de uma empresa, promovendo o uso eficiente e eficaz desses recursos, de modo que eles atendam às metas e aos objetivos da empresa. Para Tiffany e Peterson (1998), o orçamento apresenta exatamente de onde virão os recursos e para onde irão e deve basear-se nos demonstrativos projetados de fluxo de caixa como forma mais assertiva de se atingirem objetivos e metas realistas.

Os conteúdos abordados neste capítulo fizeram referência ao planejamento estratégico e aos diversos componentes intrínsecos a uma empresa e que devem ser analisados pormenorizadamente, de forma a oferecer subsídios para que esse planejamento ocorra de maneira adequada e realista. O capítulo seguinte trará uma das cinco forças de Porter: a rivalidade entre os concorrentes. Iremos apresentar uma análise para que o leitor entenda a importância dessa força e o quanto ela interfere na competitividade empresarial.

Indicação cultural

FNQ – Fundação Nacional da Qualidade. **Estratégias e planos**. São Paulo: 2008. (Série Cadernos Rumo à Excelência). Disponível em: <http://www.fnq.org.br/Portals/_FNQ/Documents/Cad%20Rumos_ebook_02_estrategias.pdf>. Acesso em: 25 fev. 2011.

O texto apresenta, de maneira bem acessível, a formulação, a definição e a apresentação das estratégias; quem deve ser envolvido nessa formulação; a definição de indicadores para a avaliação da implementação das estratégias e o estabelecimento de metas e planos de ação. Acesse o texto e bom estudo!

2

Competitividade e concorrência

Neste capítulo, apresentaremos uma análise sobre competitividade com base no estudo das cinco forças de Porter: rivalidade entre concorrentes, poder de negociação dos clientes, poder de negociação dos fornecedores, ameaça de novos entrantes e ameaça de produtos substitutos.

A rivalidade entre os concorrentes será o assunto principal deste capítulo; cada uma das outras forças de Porter serão tratadas nos demais capítulos, individualmente.

Os principais itens determinantes da rivalidade entre os concorrentes e que serão aqui enfocados são: o crescimento da indústria; os custos fixos; o excesso de capacidade crônica; a diferença de produtos; a identidade de marca; os custos de mudança; a concentração e o equilíbrio; a complexidade informacional; a diversidade de concorrentes; os interesses empresariais e as barreiras de saída.

Serão abordados também os tipos de mercado, com especial atenção ao mercado imperfeito e ao oligopólio, por entendermos serem estes os mercados com maior número de empresas e, por conseguinte, por existir maior probabilidade de você atuar ou vir a atuar em um deles.

2.1

Estratégia, competitividade e concorrência

A escolha de uma **estratégia** para uma empresa ou organização leva em conta, acima de tudo, a **competição**. A competição supõe a existência de uma série de outras empresas, que, por sua vez, também traçam suas estratégias esperando sobreviver nesse estado de competição. Para Porter (1999), "são as forças competitivas que moldam a estratégia".

A competição é salutar na medida em que obriga as empresas a correrem atrás de novas possibilidades de sobrevivência, quando percebem uma estagnação no setor em que atuam. Quando uma empresa, como forma de reagir à estagnação ou à redução de demanda, lança um novo produto no mercado, por exemplo, obriga todas as outras empresas do setor a buscarem também algo diferente. Normalmente, isso reverte para o consumidor em novos produtos, com maior e melhor desempenho e a preços mais acessíveis.

Porém, o entendimento das **forças competitivas** vai muito além do entendimento da concorrência. O mercado e todos os seus componentes fazem parte dessas forças competitivas que moldam as escolhas que uma organização faz para atingir seus objetivos finais. **Michel Eugene Porter**, em 1979, desenhou essas forças e realizou diversos estudos com o intuito de mostrar a atuação delas no mercado. Seus estudos identificam cinco forças:

1. rivalidade entre os concorrentes;
2. poder de negociação dos clientes;
3. poder de negociação dos fornecedores;
4. ameaça de novos entrantes;
5. ameaça de produtos substitutos.

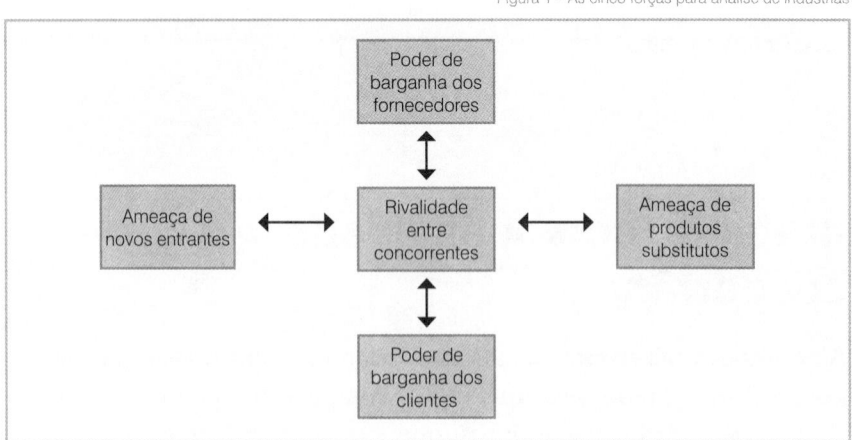

Figura 1 – As cinco forças para análise de indústrias

Para Porter (1999), a competitividade está ligada diretamente à indústria, sendo necessário compreender e estudar profundamente a estrutura industrial, já que é isso que define as estratégias a serem adotadas para permitir um desempenho superior ao das demais concorrentes. O estudo que vem a seguir destaca as cinco forças abordadas por Porter, as quais enfatizam a competitividade da indústria dada pela estrutura que apresenta e pelo setor em que está inserida.

Daí a importância de estudarmos as estruturas de mercado e todas as suas possibilidades. Daremos uma ênfase maior ao mercado de concorrência imperfeita, ao mercado de concorrência perfeita e ao oligopólio, já que são estes os mercados em que há um acúmulo maior de atuação da estratégia competitiva. Deixaremos de lado o mercado de monopólio, uma vez que este possui a característica de impor barreiras ao acesso de novas empresas e os produtos ofertados não possuem substitutos próximos.

2.2
Rivalidade entre os concorrentes

É da pressão sentida pelas empresas participantes de um determinado setor que advém a rivalidade entre elas. Normalmente essa pressão está relacionada à percepção de **oportunidades** por parte das diversas empresas participantes, que querem, de uma maneira ou de outra, melhorar sua posição no mercado. Ora, ao tentar melhorar seu desempenho, a empresa realiza algumas manobras que influenciam as concorrentes. Estas, por sua vez, empreendem ações para neutralizar ou minimizar os efeitos vindos daquela manobra inicial. Isso se torna um processo dinâmico, em que cada ação acarreta reações, as quais, por sua vez, ocasionam novas ações e contínuas mudanças no mercado.

Para Porter (1989), são determinantes da intensidade da rivalidade entre os concorrentes:

- o crescimento da indústria;
- os custos fixos (incluem-se aqui os custos de armazenagem);
- o excesso de capacidade crônica (a oferta de produtos torna-se muito maior que a procura);
- as diferenças entre produtos;
- a identidade de marca;
- os custos de mudança;
- a concentração e o equilíbrio;
- a complexidade informacional;
- a diversidade de concorrentes;
- os interesses empresariais;
- as barreiras de saída.

Com relação a esses determinantes, é importante que o entendimento vá além da guerra de preços, uma vez que, dada a instabilidade dessa forma de concorrência, esse tipo de disputa pode piorar a situação do setor no que diz respeito à rentabilidade. A **publicidade** e suas diversas formas de atuação, ao contrário, ajudam a aumentar a procura pelos produtos de um determinado setor, mesmo que essa publicidade tente firmar uma marca específica. Logicamente que a marca trabalhada por uma campanha publicitária procura reforçar o seu diferencial e, como consequência, a tendência é ganhar mercado e praticar uma margem maior nos preços. Aqui cabe uma lei econômica: quanto maior a procura por um produto, maior o preço que ele atinge. Porém, é importante a visão do conjunto setorial: todo o mercado tende a expandir-se quando se faz uso de campanhas publicitárias, mesmo que estas sejam de produtos específicos pertencentes àquele setor. Outra tendência advinda de uma campanha que mostre o nível de diferenciação de um produto é que ela force toda a indústria do setor a apresentar diferencial nos seus produtos, sob pena de perder mercado.

Em um setor no qual coexiste um grande número de empresas, todas acreditam que são capazes de agir e fazer manobras sem que as outras tomem conhecimento. Esse mercado é chamado de *mercado imperfeito*. Vasconcellos e Garcia (2004) caracterizam esse mercado como aquele em que há um número relativamente grande de empresas com algum poder de concorrência, integrando, no entanto, segmentos de mercados diferentes e possuindo produtos diferenciados. Algumas dessas diferenças podem ser as características físicas do produto, a embalagem ou a prestação de serviços complementares, a chamada *pós-venda*.

Considerando esse mercado, Rossetti (2002, p. 527) analisa os seguintes pontos favoráveis e desfavoráveis:

> [Pontos favoráveis:] Diferenciação é fator de estimulação de produção e desenvolvimento: o progresso técnico sai fortalecido. Ampla publicidade. Efeitos positivos: (a) informação ao consumidor sobre opções competitivas; (b) sustentação da comunicação social; (c) estimulação da demanda agregada, mantendo produção e emprego; (d) torna a concorrência transparente e aberta à opinião pública.
> [Pontos desfavoráveis:] Apelo massivo à publicidade diferenciadora pode gerar também efeitos nocivos: (a) elevação dos custos totais médios; (b) desperdícios em escala social: consumismo oneroso; (c) contrainformações e desinformações: mensagens incorretas.
> Proteções patenteadas podem significar: (a) barreiras à entrada de concorrentes; (b) práticas típicas de monopólio, em casos de baixa substitutibilidade.

A diferença entre o **mercado de concorrência imperfeita** e o de **concorrência perfeita** está em que neste último os produtos são homogêneos, não há quaisquer diferenças entre eles. Os hortifrutigranjeiros são exemplos desse mercado. Para Vasconcellos e Garcia (2004), não há possibilidades de manobra pelas empresas quanto ao controle sobre os preços, já que os preços aplicados são muito próximos e qualquer manobra é conhecida pelos demais integrantes do mercado.

O **oligopólio** é outro tipo de estrutura de mercado, a qual, segundo Vasconcellos e Garcia (2004, p. 79), normalmente "é caracterizada por um pequeno número de empresas que dominam a oferta de mercado". Esse mercado pode ser entendido como aquele em que existe um pequeno número de empresas ou também em que há um grande número de empresas, porém poucas dominam o mercado. Exemplos desse caso são o setor automobilístico, em que há poucas empresas, ou o setor de bebidas, em que há muitas empresas, porém poucas dominam o mercado.

No oligopólio, tanto as quantidades ofertadas como os preços são ditados pelas empresas que se juntam, formando conluios ou cartéis. Os cartéis são organizações de produtores dentro de um setor que decidem a política de preços para todas as empresas que a ele pertencem. As principais características do oligopólio referem-se ao controle das empresas sobre os preços, porque, embora dificultado pela interdependência entre elas, essas mesmas empresas tendem a formar cartéis, controlando preços e quotas de produção. Os produtos podem ser homogêneos ou diferenciados, o que permite uma intensa concorrência extrapreço.

Para Rossetti (2002, p. 527), de acordo com as suas características, o oligopólio apresenta alguns pontos favoráveis e desfavoráveis:

> [Pontos favoráveis:] Interdependência das empresas e cautela diante das reações das rivais são fatores de estabilidade;
> Tamanho das empresas conduz a economias de escala: rebaixamento dos custos totais médios e democratização do consumo;
> No caso de produtos diferenciados, fortes estímulos para: (a) investimento em planta de grandes dimensões; (b) investimento em produção e desenvolvimento e (c) busca por produto que combine desempenho e preços competitivos.
> [Pontos desfavoráveis:] Estrutura dominada por pequeno número: favorece acordos e coalizão. Coalizões, notadamente no caso de produtos não diferenciados, podem conduzir a: (a) loteamento do mercado; e (b) formação de cartel. Concorrência predatória, com "guerra de preços" e *dumping*[1], podem desaguar em dominação do mercado: a eliminação de rivais contraria o interesse público.

Um grau de competitividade forte é fruto de alguns fatores, entre os quais se inclui a existência de muitos concorrentes que apresentam um **equilíbrio de forças**. Nesse caso, a tendência é todas

---

1 *Dumping*: "ação ou expediente de pôr à venda produtos a um preço inferior ao do mercado, especialmente no mercado internacional (p. ex., para se desfazer de excedentes ou para derrotar a concorrência)" (Houaiss; Villar, 2009).

realizarem manobras de mercado sem o conhecimento das outras. Quem realizar tais manobras mais rapidamente e com maior intensidade tende a ganhar espaço.

Quando o mercado é dominado por um número menor de empresas, a tendência é que elas imponham suas regras para o mercado, exercendo um papel de coordenadoras daquele setor industrial.

Se o mercado demonstra um **crescimento lento** em determinado setor, as indústrias desse setor tendem a transformar a concorrência em uma batalha para conquistar a maior fatia de mercado possível. É nesse caso que se apresenta definitiva a **influência dos custos fixos**, já que estes oneram o produto final, gerando uma incapacidade de concorrer, em igualdade de forças, com as demais empresas que conduzem os seus custos de forma mais coerente. Nas indústrias em que a **armazenagem dos produtos** representa um custo muito oneroso ou sua produção apresenta poucas condições de armazenagem (como produtos perecíveis), há uma tendência de corte dos preços para desaguar essa produção o mais rápido possível. Em empresas onde não há como instituir uma **diferenciação dos produtos**, o chamado *mercado perfeito* (Vasconcellos; Garcia, 2004), como sal e hortifrutigranjeiros, não existe a possibilidade de manobras quanto ao preço. Nesse caso, há uma tendência de estabelecer parcerias com os compradores como forma de criar um elo de lealdade, firmando o poder de negociação e impedindo que o concorrente entre nessa fatia de mercado.

Nos mercados em que existe a necessidade de grandes investimentos em infraestrutura, tanto para a implantação quanto para o aumento da produção, as empresas se obrigam a operar em **economia de escala**, o que significa produzir o máximo possível, utilizando toda a capacidade instalada. Isso gera uma sobrecarga produtiva, jogando no mercado uma enorme quantidade de produto, o que obriga todo o setor a operar com um preço menor de venda. Periodicamente, acontece esse desequilíbrio entre oferta e procura nos setores que exigem alto investimento, ocasionando redução de preços do produto. Bom para o consumidor, ruim para o fabricante.

De um ponto de vista mais particular, cada empresa pode considerar uma determinada atividade industrial como importante **estrategicamente** para o seu negócio como um todo. Quanto maior for essa importância dada pela empresa, maior o grau de disposição para sacrificar a rentabilidade que ela pode atribuir ao produto, já que o seu interesse não está apenas no lucro, mas também no caráter estratégico e pessoal do negócio.

As **barreiras de saída** trazem alguns fatores que fazem com que algumas empresas continuem atuando em determinado setor, mesmo apresentando baixa rentabilidade. Entre os principais motivos estão os ativos especializados, os custos fixos de saída, as relações estratégicas e outras barreiras diversas. Quando uma empresa possui ativos com baixo valor de liquidação, ou seja, o valor dos seus ativos não é reconhecido no mercado, ou por servirem a apenas uma especialidade de produto, ou por apresentarem pouca chance de conversão ou transferência, a empresa continua no mercado, mesmo com baixa lucratividade, sob pena de seu prejuízo ser ainda maior.

Entre os custos fixos de saída, encontram-se as indenizações aos funcionários ou a manutenção de peças de manutenção, que podem inviabilizar uma saída do mercado ou troca de atividade. Outro motivo da não saída pode ser a relação estratégica do negócio com outros negócios da empresa, bem como a imagem que aquele negócio, mesmo não apresentando rentabilidade, projeta para a empresa. Outras barreiras à saída podem ser de cunho emocional: os gestores apresentam identificação com o negócio ou têm orgulho ou medo de abandoná-lo, por exemplo.

EM SÍNTESE

CONCORRENTES NA INDÚSTRIA
FATORES QUE AFETAM A RIVALIDADE:
Crescimento da indústria
Concentração e equilíbrio
Custos fixos/valor agregado
Excesso de capacidade
Diferenças entre produtos
Identidade da marca
Complexidade informacional
Diversidade de concorrentes
Apostas corporativas
Barreiras à saída
Custos de mudança

Fonte: Elaborado com base em Porter, 1989.

A rivalidade entre os concorrentes foi o tema principal deste capítulo. Também analisamos os diversos tipos de mercado, dando ênfase ao mercado imperfeito e ao mercado caracterizado pelo oligopólio, por serem esses mercados mais comuns no Brasil e, consequentemente, por haver uma probabilidade maior de o leitor operar ou vir a operar em um deles. No capítulo seguinte, iremos tratar dos clientes e dos fornecedores, mais especificamente do poder que ambos têm de negociação e do quanto isso influencia nos resultados de uma empresa.

Indicação cultural

KUPFER, D. **Padrões de concorrência e competitividade.** Disponível em: <http://www.ie.ufrj.br/gic/pdfs/1992-2_Kupfer.pdf>. Acesso em: 25 fev. 2011.

Esse artigo faz uma exposição muito interessante sobre competitividade e concorrência, procurando integrar a discussão a respeito desses dois conceitos. Ao final da leitura, procure identificar a proposição central do trabalho de Kupfer e identifique quais os padrões comuns entre concorrência e competitividade.

3

Competitividade, compradores e fornecedores

Dando continuidade ao nosso estudo sobre a competitividade, com base nas cinco forças de Porter (1989), vamos analisar os determinantes do poder dos compradores e do poder dos fornecedores. Vamos trabalhar peculiaridades e características tanto dos compradores como dos fornecedores e apresentar situações decisivas para a escolha de estratégias competitivas, levando em conta o poder de negociação dos clientes ou compradores e o poder de negociação dos fornecedores.

Com relação ao poder de negociação dos clientes, vamos apresentar dois enfoques: levando em conta o poder de alavancagem de negociação e levando em conta a sensibilidade ao preço.

Embora *alavancagem* seja um termo muito utilizado na área financeira para definir um levantamento de recursos a serem utilizados em determinados empreendimentos, aqui empregamos esse termo em referência ao poder que os compradores possuem em relação a uma negociação, considerando que, se alguém é o maior comprador de um certo produto, obviamente ele vai requerer uma maior flexibilidade na negociação.

3.1

Poder de negociação dos clientes

Para Porter (1999), os compradores competem com a indústria, influenciando nos preços. Trata-se da força demonstrada pelos clientes ao negociar a compra de produtos e/ou serviços, barganhando por melhor qualidade ou mais serviços. As exigências dos clientes fazem os concorrentes traçarem algumas estratégias competitivas que podem comprometer a rentabilidade tanto da indústria, no âmbito individual, quanto do setor, no âmbito global dos negócios.

Esses compradores podem estar situados tanto no atacado quanto no varejo. Por *compradores atacadistas* entendem-se os compradores industriais e comerciais ou aqueles que compram um produto para a produção de outro ou adquirem um produto para revendê-lo a outros. Por *compradores varejistas* entendem-se todos os compradores que adquirem produtos ou serviços como bens finais. Para Rossetti (2002), o atacadista é o comprador que adquire a mercadoria para revenda ou para transformação em outro produto de venda, também conhecido como *intermediário*. É no varejo que há um contato direto com o consumidor final de determinado produto. O primeiro é chamado de *mercado intermediário*, o outro de *mercado final*. Portanto, não é a quantidade que difere atacado de varejo, e sim o objetivo da compra.

Tanto um quanto outro tipo de comprador podem reforçar o seu poder de influência em relação às indústrias: os varejistas porque são eles que decidem pela compra, eles têm a opinião final com seu poder de decisão entre os vários bens ou serviços disponíveis no mercado; os atacadistas porque podem influenciar a decisão dos varejistas e das outras empresas que atendem.

Para Porter (1999), os determinantes do **poder do comprador** são relativos à alavancagem de negociação e à sensibilidade ao preço. No que diz respeito à **alavancagem de negociação**, o autor classifica:

- a concentração de compradores com relação à concentração de empresas;
- o volume de compra do cliente;
- os custos de mudança do comprador em relação aos custos de mudança da empresa;
- a informação do comprador;
- a possibilidade de integração para trás;
- os produtos substitutos.

Quanto à **sensibilidade ao preço**, a classificação considera:
- o preço e as compras totais;
- as diferenças dos produtos;
- a identidade de marca;
- o impacto da qualidade sobre o desempenho;
- os lucros do comprador;
- os incentivos dos tomadores de decisão.

Quanto maior o **volume de compras de um cliente**, maior o seu poder de barganha, já que aumenta sua importância nos resultados da indústria. Se o grau de **concentração dos compradores** é muito pequeno em relação à quantidade de indústrias que oferecem os produtos, também aqui o poder dos compradores torna-se maior.

Se os **custos totais do produto final** tiverem uma participação muito significativa no resultado final das empresas compradoras, maior será a pressão pela redução dos custos das empresas ofertantes. Em muitos casos, haverá uma procura por produtos substitutos mais baratos. Se o produto oferecido por determinada indústria não apresentar um **diferencial** que justifique a sua prática comercial, os compradores tenderão a impelir uma empresa contra a outra, confiando que isso fortalecerá o aparecimento de fornecedores alternativos, impulsionando o preço para baixo. Ao contrário, se o produto vendido pela indústria tiver um impacto pequeno no produto final das empresas compradoras, a sensibilidade ao preço será menos visível.

Acrescentamos que **altos custos de mudança** tendem a unir os compradores com determinados fornecedores. Por outro lado, os compradores aumentam o seu poder de negociação quando as indústrias ofertantes apresentam altos custos de mudança. Em muitos casos, as indústrias tornam-se reféns de seus compradores.

A **lucratividade dos compradores** é outro fator que interfere no poder de compra, uma vez que, quanto maior o lucro deles, menor a sensibililidade aos preços praticados pelos ofertantes. Ao contrário, quando os compradores têm seus lucros reduzidos, forçam uma redução nos preços praticados pela indústria.

A **integração para trás** também apresenta ameaças, já que os compradores estão parcialmente integrados no processo. Para Tiffany e Peterson (1998), a integração para trás significa estender as atividades de modo a aproximá-las da matéria-prima e dos recursos que entraram na criação dos produtos e dos serviços que a empresa oferece. Na verdade, trata-se de uma estratégia competitiva, porém essa forte ligação entre comprador e vendedor apresenta ameaças concretas, como o fato de que, por exemplo, ao não se praticar o preço sugerido pelo fornecedor, este simplesmente pode parar a produção, o que permite ocasionar a parada da indústria envolvida no processo. Outro fator-chave é que a produção parcial proporciona ao fornecedor um conhecimento detalhado dos custos da indústria à qual ele está integrado. Os fabricantes de automóvel frequentemente ameaçam seus fornecedores, propondo-se a produzir alguns itens que atualmente são fornecidos por estes últimos.

A **integração para frente** – que, para Tiffany e Peterson (1998), significa estender as atividades da indústria de modo a aproximá-las do mercado, envolvendo, por exemplo, a empresa na embalagem, comercialização, distribuição e vendas ao cliente – pode neutralizar uma parte do poder dos compradores. Quando uma indústria opta por uma integração para frente, ela, na verdade, está executando, de certa forma, o serviço dos compradores.

A **qualidade do produto** é outro determinante do poder do comprador, uma vez que, quanto maior é a influência do produto ofertado na qualidade final do seu produto, menor é a sensibilidade do comprador para os preços praticados pela indústria ofertante. Agora, se o produto que a indústria oferece apresentar pouca ou nenhuma interferência na qualidade final do produto do comprador, maior será sua força para diminuir o preço dos produtos negociados.

Além disso, quanto mais **informações** o comprador tiver sobre a demanda, os preços praticados no mercado e os custos do fornecedor, maior o seu poder de negociação. Quando os compradores possuem informações sobre o mercado e sua dinâmica, aumenta o poder deles de negociar os melhores preços e barrar as contestações e colocações dos fornecedores com relação, principalmente, à rentabilidade do produto negociado.

EM SÍNTESE	COMPRADORES
	PODER DE BARGANHA DOS COMPRADORES:
	Concentração de compradores
	Volume de compradores
	Custos de mudança
	Informação dos compradores
	Lucros dos compradores
	Produtos substitutos
	Capacidade de empurrar produtos
	Sensibilidade a preços
	Preço/compras totais
	Diferenças entre produtos
	Identidade da marca
	Capacidade de integrar para trás
	Impacto sobre qualidade/desempenho
	Incentivos dos tomadores de decisão

Fonte: Elaborado com base em Porter, 1989.

Procurar o **bom cliente** é uma maneira de diminuir o impacto do poder do comprador. O bom cliente, segundo Tiffany e Peterson (1998, p. 81), "é aquele que pede que você faça o que você sabe fazer; valoriza o que você faz e está disposto a pagar por isso; desafia você a aprimorar suas habilidades, expandir seus conhecimentos e leva você em direções compatíveis com sua estratégia e seu planejamento". O **mau cliente**, por sua vez, de acordo com os autores,

é aquele que pede que você faça o que você não está preparado para fazer; afasta você de sua estratégia e de seu plano e objetivo; compra pequena quantidade, fazendo com que os custos de negociar com ele sejam muito superiores à receita que ele gera; exige extrema atenção ao serviço, impedindo que você concentre seus esforços em clientes mais valiosos; continua insatisfeito com o que você faz, apesar de todo o esforço para atendê-lo dentro de sua expectativa. (Tiffany; Peterson, 1998, p. 82)

Para tratar os maus clientes, é necessário primeiramente descobrir quem são eles, depois transformá-los em bons clientes e, na impossibilidade dessa transformação, cedê-los para as empresas concorrentes.

3.2

Poder de negociação dos fornecedores

Porter (1999, p. 35) afirma que os determinantes do poder do fornecedor relacionam-se com:

- a diferenciação de insumos;
- os custos de mudança dos fornecedores e das empresas na indústria;
- a presença de insumos substitutos;
- a concentração de fornecedores;
- a importância do volume para o fornecedor;
- o custo relativo a compras totais na indústria;
- o impacto dos insumos sobre custo ou diferenciação;
- a ameaça de integração para frente em relação à ameaça de integração para trás pelas empresas na indústria.

Para o autor, os fornecedores podem ameaçar uma indústria ou um setor com o **aumento de seus preços** ou a **diminuição da qualidade** de seus produtos ou serviços. Tanto um como outro caso podem interferir na rentabilidade da indústria e do setor, já que o **repasse dos aumentos de custos** para o produto final depende de outros diversos fatores, como os custos de transporte e armazenamento.

Quanto menor o número de fornecedores com relação às indústrias compradoras, segundo Porter (1999), maior o poder desses fornecedores em exercer pressão sobre os preços, a qualidade e as condições de negociação do produto. A **ausência de produtos substitutos** é outro agravante a ser considerado, uma vez que essa ausência aumenta o poder de negociação dos fornecedores.

Para Porter (1999), o **grau de importância de uma indústria para determinado fornecedor** também representa uma força para a negociação. Se uma empresa não apresentar uma significativa importância para quem está oferecendo seus produtos, evidentemente, o fornecedor forçará maior poder de negociação. Se o que uma empresa compra não proporciona um percentual significativo sobre o total do volume de venda do fornecedor, a tendência é uma prática de preços e qualidade totalmente diferente daquela que apresenta um valor significativo sobre o volume de vendas desse fornecedor.

Porter (1999) ainda ressalta que, quanto maior a **importância do produto oferecido pelo fornecedor** para a formação do produto do comprador, seja para a composição do produto, seja para a qualidade, maior o poder de negociação do fornecedor. Se o insumo fornecido representa, por exemplo, 50% da composição do produto da empresa, evidentemente que o fornecedor privilegiará o seu poder em relação ao comprador, o que se refletirá no valor praticado ou na política de prazos.

Para Porter (1999), ao apresentarem **diferenciais em seus produtos ou serviços**, os fornecedores diminuem o poder de negociação dos compradores. Quanto mais diversificado for o mercado ofertante, menor a chance de os compradores determinarem preços, já que todos os produtos apresentam diferenciais que podem interferir na qualidade final dos produtos.

Os fornecedores, ao adotarem a estratégia de **integração para frente**, limitam a capacidade do setor que oferece produtos para o consumidor final, já que ele mesmo vende seus produtos diretamente ao consumidor final. Porter (1999) sugere que, além de considerar como fornecedores as outras empresas, é necessário reconhecer como tais também os recursos humanos, como a mão de obra especializada. Quando existe uma escassa oferta de mão de obra, o poder dos fornecedores de mão de obra é bastante grande.

Outro fator importante é a **participação do governo**. Para Porter (1999), muitas vezes, o governo é fornecedor e seu papel é determinado por razões que vão além das econômicas. Aliás, o governo é fornecedor de energia e água, por exemplo, e esses itens também influenciam no custo final do produto. Muitos setores sofrem a influência direta do governo, mas todos, sem exceção, sentem a influência indireta. A legislação governamental impõe alguns limites para o mercado no qual atuam tanto clientes como fornecedores. Por isso, a realização de um diagnóstico da política atual e futura dos governos é fator preponderante em um planejamento estratégico.

Ainda de acordo com Porter (1999), o tratamento dado por uma empresa aos seus fornecedores ou aos grupos de compradores precisa ser entendido como decisão estratégica, devido à importância das decisões resultantes dessas negociações. Quanto menor o poder dos compradores e dos fornecedores, maior a possibilidade de se auferir lucratividade às operações da empresa. Uma maneira de ganhar lucratividade é descobrir ou desenvolver os fornecedores ou compradores que apresentem características menos agressivas e menor poder de barganha. Raramente todos os fornecedores ou compradores apresentam o mesmo poder. Apesar de pertencerem a um mesmo setor, é possível descobrir alguns que são menos sensíveis ao preço, permitindo que a empresa trabalhe com margens mais acentuadas, melhorando o seu desempenho competitivo. Outros não apresentam predileções por políticas de prazos, possibilitando uma negociação que melhore substancialmente a liquidez da empresa.

É possível uma empresa vender para empresas poderosas e mesmo assim obter resultados bastante interessantes, desde que consiga apresentar produtos de baixo custo ou incorporar características únicas nesses produtos. Mas, se a empresa não consegue uma posição de baixo custo, tem de traçar uma estratégia de vendas para clientes menos poderosos.

Observamos, portanto, que a análise pormenorizada de uma empresa envolve o estudo do poder de negociação tanto dos fornecedores de matéria-prima e serviços como dos clientes, estando eles no varejo ou no atacado. É com base nessa análise que as estratégias competitivas devem ser traçadas, sob pena de sacrificar-se a sobrevivência da empresa quando não se fizer a coisa certa.

EM SÍNTESE

FORNECEDORES

FONTES DE PODER DE BARGANHA:

Custos de mudança

Diferenciação de insumos

Concentração de fornecedores

Presença de insumos substitutos

Importância do volume para os fornecedores

Impacto dos insumos sobre custo ou diferenciação

Ameaça de integração para frente/para trás

Custo em relação às compras totais no setor

Fonte: Elaborado com base em Porter, 1989.

O entendimento de quanto é importante o poder de negociação dos clientes, levando em conta tanto a sensibilidade ao preço quanto a capacidade de negociação, foi um dos temas deste capítulo. Analisamos também o poder de negociação dos fornecedores, tratando de diversos determinantes para a competitividade das empresas. Para completar as cinco forças de Porter, falta a análise dos novos entrantes e dos produtos substitutos. É justamente sobre isso que trataremos no próximo capítulo.

Indicação cultural

FNQ – Fundação Nacional da Qualidade. **Clientes**. São Paulo, 2008. (Série Cadernos Rumo à Excelência). Disponível em: <http://www.fnq.org.br/Portals/_FNQ/Documents/Cad%20Rumos_ebook_03_clientes.pdf>. Acesso em: 25 fev. 2011.

O texto trata da segmentação de mercado e traz exemplos de critérios para segmentação, apresenta modelos de divulgação dos produtos e marcas, bem como mostra a importância da imagem organizacional e do relacionamento com os clientes.

Ao final da leitura, procure pesquisar e responder à pergunta: Que tratamento é dado às reclamações ou sugestões na sua empresa ou na empresa em que você trabalha?

4

Competitividade, novos entrantes e produtos substitutos

Neste capítulo, vamos estudar a relação entre competitividade e novos entrantes, bem como a relação entre competitividade e produtos substitutos.

A ameaça de novos entrantes e os produtos substitutos são as duas últimas das cinco forças de Porter (1989) que vamos analisar. Para isso, inicialmente, examinaremos as barreiras que podem ser colocadas para dificultar a entrada de novas empresas no setor e, em seguida, os determinantes da ameaça de produtos substitutos.

4.1

Ameaça de novos entrantes

O estudo da competitividade exige um cuidadoso desenho das várias forças que determinam a rentabilidade de uma empresa. Optamos aqui por trabalhar a competitividade com base nas cinco forças de Porter (1989), como forma de introduzir possibilidades de atuar em um mercado competidor. Vamos analisar as ameaças de novos entrantes e dos produtos substitutos, trazendo pontos de estudo e de reflexão com o intuito de traçar estratégias que garantam a competitividade das empresas.

Ao entrarem no mercado, as novas empresas trazem consigo uma capacidade de produção, o que por si só já altera as relações do setor com o mercado. Atrelado a isso está o fato de as empresas entrantes possuírem o desejo de ganhar uma fatia do mercado, alterando a relação oferta-demanda, o que implica queda de preços aos compradores. Ao contrário, na relação com os fornecedores, há um aumento pela procura por insumos, já que mais empresas estão buscando por eles, o que pode ocasionar um aumento nos preços das matérias-primas, influenciando diretamente no custo final do produto. Se, por um lado, o setor deve reduzir o preço, já que a oferta é maior, por outro, a margem de ganhos desse setor será menor, porque os custos totais de produção tendem a subir.

Para Porter (1999), mesmo quando uma empresa é adquirida por outra, o que não implica um aumento do número de indústrias do setor, acontece um comportamento de novo entrante, já que essa aquisição está ligada a novos investimentos, nova capacidade gerencial, nova injeção de recursos, com vistas a um aumento de mercado, exigindo uma postura muito mais agressiva que aquela que estava sendo praticada pela empresa anteriormente.

Quando uma nova empresa entra em um setor, ocorre uma alteração nas quantidades de produto ofertadas, o que representa uma maior capacidade de oferta, uma vez que esse entrante investe recursos para conquistar uma parte do mercado. As barreiras existentes no setor estão diretamente ligadas ao poder e à reação das indústrias pertencentes a esse setor. Segundo Porter (2004, p. 7), são barreiras de entrada:

- economias de escala;
- diferenças de produtos patenteados;
- identidade de marca;
- custos de mudança;
- exigências de capital;
- acesso à distribuição;
- vantagem de custo absoluto, podendo ser a curva de aprendizagem, o acesso a insumos necessários ou o projeto de produtos de baixo custo;
- política governamental;
- retaliação esperada.

Quanto maior o nível de produção de uma indústria, mais diminuem os custos unitários de um produto, influenciados principalmente pelos custos fixos. Essa economia pode ser realizada em todas as funções de uma empresa: *marketing*, pesquisa e desenvolvimento, estoques, logística e distribuição e fabricação. Ora, uma indústria que obtiver uma **economia de escala** obriga as outras a terem mais recursos para entrarem no setor, sob pena de já estrearem com desvantagens de custo. Trata-se de uma restrição à entrada de novas empresas, na medida em que requer maiores recursos para que elas se tornem competitivas no setor. Entre as várias estratégias para uma economia de escala estão a integração vertical, a economia de escopo e a economia monetária.

Por **integração vertical** entende-se uma maior sintonia entre os diversos setores da empresa. Nesse caso, acontece uma maior aproximação entre setores como o desenvolvimento, a produção e a distribuição. Essa aproximação permite um ganho considerável no custo final do produto. Já a **economia de escopo** acontece quando se utilizam os mesmos fatores de produção para fabricar produtos diferentes. A **economia monetária**, por sua vez, é a busca pelos fatores de produção com os menores custos (Porter, 2004).

A **diferenciação do produto** é fruto de distinções apresentadas nos produtos e serviços de uma empresa, de modo a conquistar a lealdade de seus clientes. Essa distinção pode estar não apenas nas características do produto ou serviço, mas também na imagem de marca, no esforço de publicidade ou na vantagem de ter sido uma das primeiras empresas a entrar no setor. Porter (2004, p. 9) afirma que a diferenciação do produto cria barreiras, "uma vez que os entrantes no setor terão que despender quantias monetárias substanciais para vencer a atual fidelidade dos clientes, seja em desenvolvimento de produto, *marketing* ou distribuição". Para o autor, esse dispêndio pode acontecer já "nos investimentos de implantação da indústria e perdurar durante um longo período de tempo".

Quanto maiores os valores envolvidos para a entrada em um determinado setor, menor o número de empresas dispostas a isso. As **necessidades de capital** restringem o acesso de muitas empresas a determinado setor, constituindo-se em uma barreira à entrada de novos concorrentes. Esse fato é ainda mais restritivo quando o valor do investimento for necessário para a pesquisa e o desenvolvimento de produtos ou para a área de publicidade inicial, segundo Porter (1999).

Ainda de acordo com o autor, outra barreira à entrada de novas empresas em determinado setor se refere aos **custos de mudança** que um comprador tem de assumir ao mudar de um fornecedor para outro. Entre esses custos de mudança estão a preparação de mão de obra, novos equipamentos, teste de qualificação do novo fornecedor, além dos custos de ordem psicológica, como o abandono de um relacionamento com um fornecedor antigo para dar início a novas relações com outro fornecedor.

Ao entrar em um setor, uma nova indústria precisa ter acesso aos **canais de distribuição** daquele tipo de produto, o que se constitui em outra barreira de entrada. Conforme Porter (1999), quanto maior o grau de utilização desses canais, menor a possibilidade de utilização. Na maioria dos casos, para que esses canais distribuam os seus produtos, a empresa entrante tem de praticar maiores descontos, acenar com maiores promoções ou trabalhar com publicidade conjunta, abrindo mão de sua margem de lucro. Portanto, quanto maior o controle dos concorrentes sobre os canais de distribuição, maior a dificuldade para as empresas entrantes no setor.

O autor ainda enumera diversos outros fatores que podem figurar como barreiras aos novos entrantes. Esses fatores mostram-se independentes da economia de escala e apresentam-se sob a forma de:

- **tecnologia patenteada** do produto, quando um produto está protegido por segredos ou patentes;
- **acesso privilegiado** que as empresas mais antigas do setor têm com relação **às matérias-primas** (muitas vezes têm acesso a melhores preços e estabelecem parcerias com o fornecedor);
- **localização favorável**, uma vez que empresas mais antigas já se firmaram geograficamente, pleiteando a infraestrutura necessária para o melhor desempenho;
- **subsídios oficiais**, que são aqueles negociados quando da implantação da indústria em determinado lugar.

Segundo Porter (1999), os **efeitos da experiência** apresentam-se ligados diretamente ao custo final do produto. Isso acontece porque os métodos de trabalho vão se aperfeiçoando, incluindo a mão de obra, a utilização dos equipamentos ou as propostas de alterações do produto. A esse respeito, Tiffany e Peterson (1998) também afirmam que os funcionários se aperfeiçoam com a prática. Quanto mais aprendem, menor será o custo geral do produto ou do serviço. Porém, não basta apenas adquirir a experiência, é necessário mantê-la como propriedade da empresa, de forma a constituir uma barreira de entrada a novos concorrentes.

Além disso, o **governo**, por meio de sua política, pode restringir ou até mesmo impedir a entrada de novas indústrias em determinado setor. Entre as várias políticas com esse fim estão os limites de acesso a matérias-primas, as licenças de funcionamento, a legislação antipoluição e as restrições de localização.

Quando as empresas já instaladas possuem recursos expressivos, como ativos líquidos, capacidade de endividamento e capacidade produtiva não utilizada, torna-se muito mais difícil a entrada de novas empresas, já que estas em geral não possuem a mesma capacidade das empresas já existentes. Para Porter (1999), o poder de retaliação das empresas existentes é muito grande, considerando-se que elas podem alterar suas quantidades produzidas rapidamente, **forçando os preços para baixo** e, consequentemente, inviabilizando as margens de ganho do entrante, para citar um exemplo. Um setor que apresenta um lento crescimento também força as empresas já pertencentes ao setor a não aceitarem novos entrantes, sob pena de se estenderem ainda mais os prazos de retorno sobre os investimentos. Setores nos quais a rentabilidade é muito baixa desestimulam a entrada de novas indústrias, uma vez que isso diminuiria ainda mais os ganhos do setor.

EM SÍNTESE

NOVOS CONCORRENTES

BARREIRAS À ENTRADA:

- Economias de escala
- Identidade de marca
- Requisitos de capital
- Diferenças entre produtos
- Custos de mudança
- Acesso à distribuição
- Curva de aprendizado
- Acesso aos insumos necessários
- Projeto de produto de baixo custo
- Política governamental
- Retaliação esperada

Fonte: Elaborado com base em Porter, 1989.

4.2

Ameaça de produtos substitutos

Um produto é considerado substituto de outro quando consegue desempenhar as mesmas funções do primeiro. De acordo com Porter (1989, p. 39), "são determinantes da ameaça de substituição o desempenho do preço relativo dos substitutos; os custos de mudança e a propensão do comprador a substituir". Para o autor, a existência de produtos que desempenham as mesmas funções que outros é uma condição básica limitadora dos resultados apresentados pelas indústrias de determinado setor.

Os produtos substitutos, além de forçarem os preços dos outros produtos para baixo, reduzem as fontes de riqueza de uma indústria, uma vez que atrelam o **desempenho** do seu produto a outro, ganhando maior destaque aqueles que apresentarem maiores vantagens para o comprador.

Portanto, os produtos substitutos reduzem os retornos potenciais de uma indústria, colocando um teto nos preços que as empresas podem fixar como lucro. Poter (1999, p. 38) esclarece que, "quanto mais atrativa a alternativa de preço e desempenho oferecida pelos produtos substitutos, mais firme será a pressão sobre os lucros da indústria". A identificação de produtos substitutos é conquistada por meio de pesquisas na busca de outros produtos que possam desempenhar a mesma função que a da indústria.

Ainda segundo o autor,

> do ponto de vista estratégico, os produtos substitutos que exigem maior cuidado e atenção por parte das empresas, são aqueles que apresentam um desempenho de atuação que permite uma ação de exclusão dos produtos do setor por parte dos compradores, e aqueles que são produzidos por setores de alta rentabilidade, o que permite uma atuação mais exacerbada por parte das indústrias que estão oferecendo os produtos substitutos. (Porter, 1999, p. 38)

EM SÍNTESE	SUBSTITUTOS
	AMEAÇAS DETERMINADAS POR:
	Desempenho relativo de preços dos concorrentes
	Custos de mudança
	Propensão do comprador para mudar

Fonte: Elaborado com base em Porter, 1989.

Neste capítulo, a ameaça de novos entrantes e os produtos substitutos foram analisados, encerrando-se, dessa forma, a análise das cinco forças de Porter. O estudo dessas forças propicia subsídios tanto para a busca de estratégias quanto para a tomada de decisões de curto prazo, visando à competitividade de uma empresa. O próximo capítulo trará um tema importantíssimo para a sobrevivência das micro e pequenas empresas: a formação de redes. Esse tema é bem atual e, devido à importância que essas empresas apresentam no cenário atual, é muito apropriado tratarmos dele quando discutimos estratégia e competitividade.

5

Competitividade e redes de empresas

Neste capítulo, trataremos de um importante tema: redes de empresas. E por que ele é tão importante? Vejamos.

Podemos afirmar que para uma região ou setor da economia é inegável a importância do desenvolvimento de pequenas e médias empresas, já que estas geram emprego e renda e servem como motores propulsores de desenvolvimento, uma vez que a tendência de seus negócios é o crescimento. Além disso, essas empresas buscam oportunidades em segmentos e mercados que, regra geral, não apresentam tanto interesse para as grandes empresas, visto o volume de negócios envolvidos. Portanto, são as pequenas e médias empresas as principais responsáveis pela inovação e descoberta de necessidades de mercado.

Porém, tais empresas apresentam uma série de dificuldades oriundas de uma capacidade competitiva baixa, da falta de recursos financeiros, da falta de acesso à tecnologia, da falta de orientação para o mercado, somente para citar alguns exemplos.

A formação de redes de empresas apresenta-se como uma solução para a maioria desses problemas. É sobre isso que trata este capítulo.

5.1

Micro, pequenas e médias empresas

A competitividade está fortemente ligada ao dinamismo de mercado. Abertos aos negócios globais, os diversos setores obrigam-se a inovações tanto de métodos, gestão e produtos quanto de maneiras de enfrentar a concorrência, antes dimensionável e localizada. Para as micro, pequenas e médias empresas, a sobrevivência torna-se um desafio. Como sobreviver em meio a tantas grandes empresas que conseguem estratégias inacessíveis a empresas de menor porte?

A importância das micro, pequenas e médias empresas para uma região ou para um setor econômico cresce à medida que a geração de emprego e renda apresenta um crescimento significativo onde a implantação desse tipo de empresa é estimulado. Ora, para Santos (1998), as micro, pequenas e médias empresas possuem, além de um importante papel econômico, um extraordinário **papel social**, pois, ao auferirem emprego e renda a uma determinada região, oferecem também a esse espaço geográfico uma capacidade de **flexibilidade** e **agilidade** para se adaptarem às mudanças constantes desse ambiente. Para Cândido e Dias (1998), além dessa capacidade de adaptação às novas demandas de mercado, as micro, pequenas e médias empresas conseguem reunir, com muito mais rapidez e eficiência, as condições e as qualificações para acompanhar seus concorrentes, justamente por apresentarem uma estrutura mais simples e flexível.

Outros fatores positivos podem ser associados às micro, pequenas e médias empresas, como o **estímulo à competência**, uma vez que elas buscam oportunidades em mercados pelos quais as grandes empresas não mostram interesse, bem como incluem constantes diferenciais nos produtos, tanto na configuração física destes como na estruturação de preços, já que precisam sobreviver em um mercado na maioria das vezes dominado por poucas e grandes empresas. Diante disso, atuam como permanente **foco de competitividade**, obrigando as empresas maiores e com grande estabilidade no mercado a buscarem inovação e maior flexibilidade, dificultando, de certa forma, a formação dos cartéis, tão prejudiciais à economia nacional.

Diversos autores, entretanto, descrevem as dificuldades enfrentadas por essas empresas. Cândido e Dias (1998) reforçam o **caráter intuitivo da avaliação de riscos** quanto a uma tomada de decisão por esse tipo de empresa. Para os autores, isso pode apresentar uma vantagem no sentido de capacidade para adaptar-se às restrições que vão surgindo ao longo do processo. Porém, os problemas podem ser subavaliados, a ponto de inviabilizarem o negócio ao longo do tempo.

Amorim (1998) salienta algumas dificuldades bem específicas enfrentadas pelas micro, pequenas e médias empresas: o acesso ao crédito, à tecnologia, aos insumos e aos componentes. Isso ocasiona uma baixa capacidade competitiva. Para Souza e Bacic (1998), a sobrevivência individual dessas empresas fica condicionada a sua baixa produtividade, às políticas de treinamento ineficiente e inadequado, à inexistência de um sistema de custos, ao atraso tecnológico, à tendência de imitação entre os concorrentes, aos poucos recursos para pesquisa e desenvolvimento e à falta de orientação para o mercado.

Ora, esses aspectos resultam em **falta de competitividade**, que tem um efeito bem característico: apesar de as micro, pequenas e médias empresas descobrirem um mercado não atendido pelas grandes empresas do setor, elas encontram grandes dificuldades para oferecer um sistema completo de valor. Para Amorim (1998, p. 43), as carências de serviço e de aspectos complementares evitam que seus produtos se tornem predominantes no mercado, permitindo que esse espaço seja ocupado pelos concorrentes, na maioria das vezes de grande porte, que acabam apresentando um produto com as mesmas peculiaridades e atributos, porém com benefícios ampliados, acabando por tomar e dominar aquele nicho de mercado.

No caso brasileiro, Amorim (1998, p. 67) "destaca que a abertura de mercado tem exigido das pequenas e médias empresas um crescente cuidado com a capacidade competitiva, já que a concorrência passou de localizada à globalizada, exigindo uma busca constante pela qualidade, produtividade e redução de custos". Para o autor, esse é o grande desafio para disputar com os produtos importados, representantes de grandes indústrias, com economia de escala e outras vantagens tecnológicas e fiscais. Daí a necessidade de investimentos em novas tecnologias de processo e de produtos, recursos humanos e modelos e técnicas de gestão. Santos (1998) reforça essa afirmação, salientando a necessidade de investimentos em treinamento e reciclagem dos recursos humanos, bem como de aquisição de novas tecnologias.

Mas é certo que, devido aos diversos problemas citados anteriormente e enumerados por Amorim (1998) e Souza e Bacic (1998), as micro, pequenas e médias empresas isoladamente não têm possibilidades de arcar com os investimentos necessários. A solução seria uma forma de atuação em conjunto, em que todas as empresas envolvidas em uma forma de **associativismo** pudessem compartilhar todos os benefícios vindos de suas ações conjugadas. Esse associativismo envolveria a permuta de informações e o compartilhamento de investimentos e benefícios resultantes de projetos gerencias e tecnológicos pensados para solucionar os problemas comuns a todos os envolvidos.

5.2
Organização em redes

Para Barquero (2001), **redes de empresas** são grupos de empreendimentos que cooperam no desenvolvimento conjunto de um projeto, complementando-se umas às outras e especializando-se para suplantar problemas comuns, adquirir força coletiva e entrar em novos mercados. Cândido e Abreu (2000) trabalham com maior ênfase a **rede organizacional**, salientando a participação das empresas que, devido ao tamanho ou à estrutura, não conseguem isoladamente garantir as condições para sua sobrevivência e desenvolvimento. Essas empresas caracterizam-se, em geral, por terem uma estrutura pequena, tanto física quanto organizacional, normalmente informal no que tange aos controles internos, e suas atividades constantemente utilizam novos elementos e materiais na produção de bens e serviços.

Em geral, essas empresas se unem com a finalidade de troca de informações, tecnologias ou bens materiais. Barquero (2001) refere-se a essas vinculações entre as empresas como **transações em um conjunto de reciprocidades**, extrapolando o sentido de trocas e de relações hierárquicas. Para o autor, as relações seriam formadas pela interdependência entre atores e empresas, excluindo o sentido de dependência. Trata-se de um sistema de interfaces, no qual acontecem as respostas e reações dos atores e das empresas aos desafios encontrados, caracterizando-se pelo conjunto de vínculos fracos, mas que se juntam para fortalecer-se, com base no acesso à informação, na aprendizagem coletiva e no compartilhamento da inovação.

O aparecimento de empresários e pequenas empresas está ligado à existência de uma rede de contatos pessoais em que todos os envolvidos ajudam no amadurecimento do projeto de um novo negócio, com base em diversas informações que vão sendo reunidas. Nesse contexto, a disponibilidade de recursos e relações pessoais, a diminuição da incerteza acerca do negócio, o convívio grupal que fortalece a autoestima, o modelo de quem já correu riscos e o contexto econômico, institucional e social que oferece uma série de perspectivas de oportunidades do mercado é que favorecem o aparecimento e a fixação de micro e pequenas empresas em um determinado ambiente. Barquero (2001) evidencia o crescimento das economias locais e regionais a partir do momento em que há difusão de informações e inovações entre as empresas e os territórios.

Dessa forma, a formação de redes de empresas contribui para que haja uma melhor desenvoltura das participantes, fortalecendo o **poder competitivo** delas. Clegg e Hardy (1999) apontam para a possibilidade de uma rede em que micro, pequenas e médias empresas fornecem juntas um produto ou serviço. Para eles, é possível uma organização na qual uma empresa cuida do projeto, outra da produção, outra do *marketing* e assim sucessivamente. Uma empresa participante, ou alguém de fora, atua como agente de todo o empreendimento.

Nesse modelo de rede de empresas, acontecem sucessivamente entrada e saída de empresas, uma vez que a reestruturação é adequada à medida que se mudam as estratégias do negócio, tanto no âmbito da rede como no âmbito particular de cada empresa. Para os autores, uma rede de micro, pequenas e médias empresas é um conjunto de firmas que participam do mesmo negócio, de forma autônoma e harmônica, funcionando em um sistema de constante cooperação, em que cada uma delas executa uma ou mais etapas do processo produtivo, da comercialização e da distribuição, podendo utilizar alguns setores gerenciais em comum, como treinamento de funcionários.

A formação de redes de empresas apresenta-se como uma estratégia empresarial com vistas à **competitividade**. Casarotto Filho e Pires (1999) partem da escolha estratégica competitiva para defenderem a utilização de redes para micro, pequenas e médias empresas. Para os autores, as empresas ou escolhem ser pequenas, destacando a diferenciação do produto, ou escolhem ser grandes, competindo pela liderança de custos, escolhendo ou não um foco de mercado.

Considerando a existência de novos ambientes de negócios com condições de uso da terceirização, da parceria e da subcontratação, os autores destacam duas formas possíveis de atuação com a utilização da estrutura de redes de empresas:

1. **Redes *topdown*** – Formadas por empresas de menor porte para fornecimento direto ou indireto de sua produção a uma empresa principal, fazem uso ou de parceria, ou de subcontratação, ou de terceirização. Nesse caso, a ênfase é dada pela liderança de custos, evidenciando o produto ou o processo. Nesse tipo de rede, por exemplo, uma empresa se uniria a outras para ou produzir mais produtos diferenciados, já que isso extrapolaria a sua capacidade produtiva, ou produzir o mesmo produto além de sua capacidade, como forma de ganhar uma maior fatia de mercado.
2. **Redes flexíveis** – São formadas pelas micro, pequenas e médias empresas por meio de um consórcio com objetivos comuns, deixando a cargo de cada uma delas a responsabilidade por uma parcela do processo envolvendo o produto ou o serviço. Em associação, essas empresas atuariam como uma grande organização, na qual todas estariam voltadas para um objetivo comum. Nesse caso, a competitividade estaria refletida na flexibilidade e no custo.

5.3

Formação de redes de empresas

O modelo proposto por Casarotto Filho e Pires (1999) organiza empresas que são interdependentes e inter-relacionadas, cada uma com funções bem definidas, ligadas a uma empresa central, ativando elementos quando há necessidade em cada projeto específico. Na definição dos autores, é possível agrupar as empresas em função de determinada estratégia, que pode ser prospectora, defensora ou analisadora.

Na **estratégia prospectora** as empresas envolvidas seriam responsáveis pelas funções relativas a produtos e processos, dando atenção ao desenvolvimento e à busca da inovação tecnológica. Aí também estão inseridas as inovações tecnológicas de gestão, os novos processos de trabalho e as formas de gestão.

Na **estratégia defensora** se encontram as empresas encarregadas da produção. A economia de escala, a melhoria dos processos de produção, o controle de qualidade, a produtividade e os custos estão inseridos nesse grupo.

Na **estratégia analisadora** se situam as empresas encarregadas do fornecimento da matéria-prima, bem como os componentes para a produção. Nesse grupo também ficam as empresas responsáveis pela distribuição do produto, sendo elas um importante elo para captar informações do ambiente externo da rede.

A formação de redes de empresas, para Casarotto Filho e Pires (1999), muda as concepções e as linguagens usualmente utilizadas nas empresas, necessitando de uma postura de funções e processos horizontalizados. Faz-se imprescindível a divulgação de todas as informações entre os diversos integrantes da rede, e os relacionamentos tanto internos quanto externos levam em conta a confiança. Uma empresa deve saber tudo o que a outra empresa faz, e essa abertura de informação deve acontecer de modo espontâneo, com base na perspectiva de uma nova forma de se fazer negócios.

Outro cuidado a ser considerado na formação de redes de empresas é o que Barquero (2001) define como as fases do processo de redes de empresas, as quais descrevemos a seguir:

1. **Diagnósticos tecnológico, organizacional e econômico** – Faz-se necessário um levantamento de todas as características técnicas e organizacionais das empresas que irão compor a rede. Cabe aqui uma análise de forças e franquezas, oportunidades e ameaças, bem como uma identificação das competências individuais. É essa análise que permite verificar se cada empresa terá condições de atuar sob a forma de parceria e em que parte do processo da rede ela é mais eficaz. Quando a formação da rede inclui empresas de uma determinada região, é importante também verificar a vocação econômica regional e fazer um estudo da política econômica das áreas onde as empresas ficarão localizadas. Em locais onde já existe um sistema social que apresenta certo nível de atividade comunitária, fica mais fácil a implantação de redes de empresas, já que a existência de um histórico de confiança cria um clima mais favorável ao associativismo.

2. **Metodologia de abordagem** – Nesta fase, é necessário procurar os parceiros adequados, que disponham de recursos e competências necessárias para a formação de redes, bem como apurar de que forma esses parceiros serão contatados. Fica evidente a importância do sistema de comunicação da proposta de formação da rede, da identificação dos interesses das empresas e das negociações para a formação do grupo, de modo que se fazem necessárias constantes interações entre as empresas.

3. **Arquitetura organizacional** – É neste estágio que se definem os objetivos, as atribuições e as interações de cada empresa participante. É analisada a capacidade de cada empresa, envolvendo os campos financeiro, material e humano. Também é desenhada nesta etapa a infraestrutura para o sistema de cooperação. São definidas as regras para a divisão das atividades, a designação dos recursos e os procedimentos operacionais. Os parâmetros de avaliação e controle são outro elemento a

ser considerado. Segundo Nadler (1994), devem estar claros aqui a estrutura formal, o projeto de práticas de trabalho, a natureza da organização, tanto formal quanto informal, o estilo de operação, os processos de seleção e o desenvolvimento de pessoal.
4. **Implantação e manutenção** – Com base nos objetivos estabelecidos, é nesta fase que se começa efetivamente a prática dos processos definidos anteriormente. É nela que acontece a interação entre as empresas pertencentes à rede, havendo uma mistura de princípios, interesses e necessidades coletivas.

Deve existir um mecanismo de controle e acompanhamento, que monitore os diversos níveis da rede, bem como contemple o retorno dos investimentos e a satisfação do cliente final.

A rede de empresas, para Nadler (1994), deve permitir o sucesso financeiro de cada uma das empresas componentes da rede, o sucesso da rede em termos financeiros e de aumento de competitividade e o sucesso da rede sob o ponto de vista social, na condição de entidade responsável pelo desenvolvimento local.

Este capítulo abordou um tema desafiador: a competitividade das micro e pequenas empresas. Apresentamos uma análise sobre a formação de redes de empresa, acreditando ser esta uma estratégia que permite a essas organizações serem mais competitivas no mercado. As outras diversas estratégias existentes, que podem ser aplicadas por todos os tipos de empresas, desde que adaptadas aos diversos tipos de realidade e individualidade organizacional, serão apresentadas no próximo e último capítulo.

6

Estratégias empresariais

Neste último capítulo, apresentaremos as estratégias propostas por Ansoff (1977), Porter (1989) e Mintzberg (2006), aproximando-o desses três pensamentos estratégicos, a fim de que você possa realizar uma melhor formulação de planos competitivos.

O importante é que você consiga elaborar e implementar estratégias contemplando as características do setor em que atua, bem como entendendo e respeitando as peculiaridades de sua empresa. Por isso, quanto mais aberto o seu pensamento, quanto mais amplo o seu conhecimento das diversas possibilidades estratégicas, maior a sua chance de competir no mercado.

Ao longo de todas as partes deste livro, procuramos apresentar a você indagações e materiais que o levassem a aprofundar-se nos diversos temas relativos à estratégia e à competitividade. A estratégia é entendida não como algo pronto, não como uma fórmula acabada. Estratégia é a escolha de um ou mais caminhos, entre tantos possíveis, que levem uma empresa a atingir seus objetivos e competir no mercado.

6.1

Estratégias segundo Ansoff[1]

Diversas são as formas de se elaborar e implementar o planejamento estratégico. A escolha das estratégias depende do posicionamento de cada empresa, de sua realidade, de sua expectativa e do mercado em que atua. Sem dúvida, porém, a escolha da estratégia é o que define a posição competitiva de uma empresa no mercado.

---

1   Esta seção foi elaborada com base em Ansoff (1977).

O russo Harry Igor Ansoff desenvolveu um modelo pioneiro em 1965, no qual classifica quatro maneiras de competitividade empresarial, configurando o que chamamos de *matriz de Ansoff*: penetração no mercado, desenvolvimento de mercado, desenvolvimento de produto e diversificação.

Uma empresa pode ser reconhecida por meio de sua posição relativa ao conjunto formado por mercado e produto. É esse elo que determina o crescimento da empresa e indica a direção em que caminha em relação aos produtos e aos mercados. Essa direção serve de orientação à própria empresa e permite que as outras também entendam a direção que ela está tomando.

A matriz de Ansoff é representada como no quadro a seguir:

Quadro 1 – Componentes do vetor de crescimento

Produto / Missão	Atual	Novo
Atual	Penetração no mercado	Desenvolvimento de produtos
Nova	Desenvolvimento de mercado	Diversificação

Fonte: Ansoff, 1977, p. 92.

A estratégia de penetração no mercado, segundo Maximiano (2006), é a estratégia que explora produtos tradicionais em um mercado tradicional. Nessa estratégia, a empresa busca um crescimento com o aumento de sua participação em mercados nos quais sua linha de produtos e serviços já está presente.

Na estratégia de desenvolvimento de mercado, Ansoff mostra que uma empresa está buscando um mercado novo, mas conservando o mesmo produto ou serviço. É o desenvolvimento de mercado novo com um produto tradicional.

No desenvolvimento de produtos, a empresa está criando novos produtos para explorar um mercado tradicional. Para Maximiano (2006), essa estratégia visa explorar mercados tradicionais com produtos novos.

Explorar novos produtos e novos mercados é a estratégia da diversificação. Essa estratégia possibilita um posicionamento tanto agressivo quanto defensivo. O **posicionamento agressivo** exige que a empresa utilize uma competência em que ela se destaque; já no **posicionamento defensivo**, o novo produto fornece alguma potencialidade de que a empresa necessita.

Ansoff trata da diversificação como uma vantagem competitiva que identifica especificidades e combinações individuais de produtos e mercados, fornecendo à empresa uma considerável posição concorrencial. É diferente de Porter (1989), que trata da vantagem competitiva sob o prisma do menor custo e da diversificação centrada no produto. Ansoff define a conquista da vantagem competitiva com base na combinação entre o produto vendido e as ações envolvendo o mercado, incluindo aí a diversificação. Para ele, são três elementos: o conjunto de mercado e produtos, o vetor de crescimento e a diversificação.

Ansoff agrega aos três elementos decisivos da estratégia um quarto, que ele denomina de *sinergia*, definida como a capacidade que uma empresa possui para adquirir proveito da entrada em um novo mercado ou do lançamento de um novo produto. Não basta a empresa buscar as oportunidades no ambiente externo com o conjunto de produtos e mercados e as vantagens competitivas; se não possuir a sinergia, provavelmente, não tirará proveito de todo o potencial de rentabilidade. Para Ansoff, são estes, então, os **quatro componentes da estratégia**, os quais devem atuar em conjunto: **mercado e produtos**, **vetor de crescimento**, **diversificação** e **sinergia**.

O crescimento em um mercado, para Ansoff, pode se dar de duas maneiras: pela expansão e pela diversificação. Na **expansão** constam estratégias ligadas à penetração de mercado, ao desenvolvimento de mercado e ao desenvolvimento de produto. Já na **diversificação** estão estratégias que envolvem os riscos em novos mercados com novos produtos. Esta é a mais drástica das estratégias, já que implica o risco do afastamento de mercados e produtos conhecidos ao mesmo tempo. É como começar tudo de novo, diferentemente da expansão, na qual as mudanças são lentas e acontecem de acordo com as demandas externas.

Segundo Ansoff, uma empresa se diversifica, escolhendo uma estratégia na qual os riscos envolvidos são bastante grandes, quando:

- seus objetivos não são mais atingidos dentro do conjunto de produtos e mercados em que está atuando;
- busca uma maior rentabilidade que aquela histórica dos mercados e produtos tradicionais;
- as oportunidades de diversificação apresentam uma possibilidade de rentabilidade maior que as rentabilidades de expansão;
- as informações permitem uma comparação que leva a concluir pela vantagem da diversificação.

Tanto na diversificação quanto na expansão, é necessário perceber que as organizações devem buscar as melhores estratégias levando em conta sua realidade econômica e os objetivos a serem atingidos.

6.2

Estratégias segundo Porter[2]

A concepção da estratégia, conforme proposto pelo estudioso americano Michael Eugene Porter, envolve quatro pontos limitadores para as empresas: os pontos fortes e fracos; as ameaças e as oportunidades no setor; os valores pessoais da empresa; e as demandas ou expectativas da sociedade.

Os **limites internos** da empresa são caracterizados pelos pontos fortes e fracos e pelos valores pessoais da empresa. Os **limites externos** são determinados pelas oportunidades e ameaças e pelas demandas da sociedade. Os limites externos definem o meio competitivo, com seus riscos e recompensas.

Em uma economia constituída de setores e empresas diversificadas, Porter (1989) dedicou-se mais ao estudo de estratégias corporativas. No nível da estratégia corporativa se encontra a totalidade do grupo de empresas, envolvendo questões como o ramo de negócios e o gerenciamento do negócio, que abrange a matriz e as várias

---

2   Esta seção foi elaborada com base em Porter (1989).

unidades que a ela se somam. Esse nível de estratégia apresenta algumas peculiaridades: a concorrência acontece no nível das empresas pertencentes ao grupo, a integração das empresas envolve diversos custos, tanto para as unidades como para o grupo, e normalmente quem toma as decisões conhece muito pouco da organização (por exemplo, os acionistas).

As estratégias corporativas, no modelo de Porter, devem ser avaliadas levando-se em conta a **atratividade do setor**, já que um setor potencialmente atraente apresenta, em geral, elevadas barreiras de entrada. Outro aspecto a ser analisado são os **custos de entrada**, pois, quanto mais atraente o setor, mais altos eles serão. Para integrar uma nova unidade de negócio, a empresa precisa obter vantagem competitiva, outro importante aspecto a ser avaliado.

Maximiano (2006) classifica as estratégias de Porter em três categorias: liderança do custo, diferenciação e foco.

A busca pela **liderança do custo**, para Porter, requer um conjunto de políticas funcionais que envolvem:

- eficiência de instalações;
- redução de custos pela curva da experiência;
- controle de despesas e custos;
- áreas enxutas;
- dispositivos de controle de custos.

Na estratégia de liderança por meio do custo, o objetivo não é oferecer produtos diferentes dos apresentados pelos concorrentes, mas oferecer produto ou serviço mais barato do que eles. Porter observa que uma posição de liderança do custo requer altos investimentos em equipamentos e uma política de preços iniciais agressiva, sacrificando margens de lucro num primeiro momento, para consolidar uma posição de mercado. Para sustentar a posição, o reinvestimento em instalações e novos equipamentos deve ser constante, bem como a busca por posições vantajosas, como no caso de um acesso privilegiado às matérias-primas.

A **diferenciação**, para Maximiano (2006), consiste em lançar uma nítida distinção dos produtos e dos serviços, destacando-os em relação aos seus concorrentes. Essa estratégia pode ser configurada por meio da imagem da empresa ou do projeto do produto, da tecnologia empregada, das características do produto ou do serviço, da rede de fornecedores, das matérias-primas empregadas, entre outros modos. Para Porter, a empresa se diferencia de várias formas, em várias dimensões.

A estratégia da diferenciação coloca a empresa em uma situação de vantagem competitiva, já que apresenta uma barreira à entrada de concorrentes, uma vez que propicia uma relação de lealdade entre o consumidor e a marca, tornando-o menos sensível à política de preços. Entretanto, Porter alerta para os custos e despesas envolvidos na busca da diferenciação, o que pode restringir o produto a uma parcela do mercado, tornando muito difícil a sua expansão.

A estratégia do **foco** busca escolher um nicho ou segmento de mercado e trabalhar para atender às expectativas deste. Essa concentração pode ser determinada por uma linha de produtos ou serviços, grupos específicos de clientes ou um mercado geográfico em particular.

Quando escolhe essa estratégia, a empresa procura dominar os recursos para explorar o nicho escolhido da melhor forma possível, em vez de enfrentar todos os concorrentes no grande mercado. Há um estreitamento de mercado ou produtos como forma de tirar o máximo proveito dessa seleção. Porter observa que, ao escolher essa estratégia, a empresa enfrenta limitações quanto à parcela total do mercado que pode ser atingida, necessitando de uma maior rentabilidade na relação entre volume de vendas e preços praticados.

De maneira geral, ao se adotarem estratégias genéricas, alguns percalços devem ser considerados. Em relação à liderança de custos, o autor alerta para os **altos custos** envolvidos em uma **mudança tecnológica** e que podem invalidar investimentos feitos anteriormente, bem como anular as vantagens de aprendizado. Por outro lado, novas empresas, ao entrarem no mercado, conseguem operar com baixos custos por meio da imitação de produtos ou por possuírem maior capacidade de investimentos e instalações. Outro risco é a **inflação de custos**, estreitando o poder de manobra no mercado.

Quanto à diferenciação, os principais riscos estão na **diminuição de diferenciais** decorrente das imitações por parte dos concorrentes, o que ocasiona uma constante busca por outras peculiaridades no produto; isso, por sua vez, envolve maior vulto de investimentos em desenvolvimento e produto, fator que resulta em um **maior preço final do produto**, podendo restringir a parcela de participação no mercado. Esse diferencial de custos entre os concorrentes reduz a **lealdade** dos compradores, já que uma relação entre lealdade, necessidade de diferenciação e preço é constantemente ponderada pelos clientes finais.

Quanto ao foco, Porter atenta para o risco de a empresa **eliminar vantagens de custo** ao atender a um público mais estreito, uma vez que as quantidades demandadas serão menores, exigindo uma política de preços que contemple margem de ganhos, e não quantidades vendidas. Outro ponto importante é a mudança na empresa quando esta opta por atender a segmentos de mercado, o que exige um grau de **especialização** para cada grupo escolhido, resultando em um maior custo dos produtos, o qual nem sempre é possível repassar para o consumidor final.

6.3

Estratégias segundo Mintzberg

Para Mintzberg, Ahlstrand e Lampel (2000), as estratégias podem ser organizadas em famílias e apresentadas em cinco opções:

1. localização do negócio central;
2. distinção do negócio central;
3. elaboração do negócio central;
4. extensão do negócio central;
5. redefinição do negócio central.

Mintzberg procura complementar a matriz de Ansoff (1977) e as estratégias genéricas de Porter (1989): a primeira ele considera de difícil compreensão e a outra, incompleta.

As características da **localização do negócio central** estão ligadas à dinâmica da rede de indústrias que estão comprando e vendendo. Mintzberg et al. (2006) utilizam os termos *rio-acima*, *rio-médio* e *rio-abaixo* para definir estratégias associadas às conhecidas integração para frente e integração para trás, de Porter (1989).

A **estratégia rio-acima** está ligada ao uso da matéria-prima, relacionando-a com as diversas possibilidades de uso, por meio do emprego de tecnologia, investimentos e pessoal para adquirir vantagens competitivas de baixo custo. As indústrias integrantes dessa estratégia são pertencentes ao setor primário.

A **estratégia rio-médio** faz uso de diversos insumos para transformá-los em produtos que venham ao encontro das expectativas do mercado. As indústrias do setor secundário pertencem ao grupo que faz uso dessa estratégia.

A **estratégia rio-abaixo** é caracterizada por uma grande variedade de produtos que disputam o consumidor na ponta do processo, como o caso das empresas de distribuição. É o setor terciário que faz uso desse conceito estratégico.

A **distinção do negócio central** é a estratégia que mostra como a organização pode adquirir vantagens competitivas para sobreviver. Aqui estão as possibilidades ligadas ao processo organizacional, como pessoas, finanças, aquisições; ao processo de transformação, como desenvolvimento de produto e operações; ao processo de distribuição, como preço, promoção de vendas, canais e mercado; e ao processo de suporte, como treinamento, controles e pós-vendas.

Para Mintzberg, Ahlstrand e Lampel (2000), as possibilidades de distinção de mercado apresentam-se mais amplas que as indicadas por Porter (1989) e englobam:

- a diferenciação de preço, a maneira mais comum de diferenciar um produto;

- a diferenciação na imagem, caracterizada pela criação, por meio do *marketing*, de um juízo de valor que, de outra forma, não existiria;
- a diferenciação de suporte, a qual recai sobre pontos adicionais visíveis, embora sem efeito direto sobre o produto;
- a diferenciação na qualidade, levando em conta o melhor processo de fabricação, porém não diferente de outras empresas;
- a diferenciação de projetos, processo que busca algo realmente diferente no produto;
- estratégia de não diferenciação, quando uma empresa não opta por essa estratégia competitiva.

Para a **estratégia de foco**, aquela relacionada à demanda e não ao produto, como no caso da estratégia de diferenciação, Mintzberg, Ahlstrand e Lampel (2000) relacionam as seguintes opções:

- estratégia sem segmentação, quando a empresa quer ganhar uma grande fatia do mercado com o mesmo produto;
- estratégia de segmentação, quando a empresa limita os seus clientes a um segmento de mercado, podendo ser geográfico ou econômico, por exemplo;
- estratégia de nicho, aquela em que se identificam grupos especiais dentro de um segmento mais abrangente de mercado;
- estratégia por encomenda, que engloba desde aquele produto montado de acordo com os requisitos individuais do cliente até aquele produto em que o projeto é modificado em algum estágio da fabricação para atender ao cliente.

Na **elaboração do negócio central**, Mintzberg, Ahlstrand e Lampel (2000) levam em conta as estratégias de penetração, de desenvolvimento de mercado, de expansão geográfica e de desenvolvimento de produto.

Na estratégia de **penetração**, a empresa procura ampliar sua participação em mercados já existentes com os produtos já existentes. Trata-se apenas de uma ampliação da participação no mercado. Na estratégia de **desenvolvimento de mercado**, o alvo são os novos mercados, na mesma região de atuação, com produtos já existentes.

A empresa trata de atingir novos mercados com os mesmos produtos de que dispõe. A estratégia de **expansão geográfica** pretende atingir novos pontos de localização, fora da região habitual de negócios da empresa, com os produtos existentes. Na estratégia de **desenvolvimento de produtos**, aparece ou um novo produto, ou o mesmo produto com modificações, pertencendo à mesma base de negócios na qual a empresa já vinha atuando.

A **extensão do negócio central** apresenta estratégias para a atuação da empresa além dos seus negócios habituais. Para tanto, segundo Mintzberg, Ahlstrand e Lampel (2000), a empresa pode utilizar a estratégia de integração da cadeia, que permite estender suas atividades rio-abaixo ou rio-acima, integrando as atividades tanto de seus distribuidores quanto de seus fornecedores.

Outra estratégia de extensão do negócio central é a diversificação, a qual permite que a empresa entre em negócios que não fazem parte do seu rol habitual. Em alguns casos, esses negócios podem até estar relacionados com a empresa, permitindo a utilização da mesma força de promoção e vendas para a sua viabilidade.

Ainda existe a possibilidade da compra de outras empresas pertencentes ao mesmo grupo e, nesse caso, o negócio pode ser feito das seguintes maneiras:

- propriedade e controle total, envolvendo a aquisição e o controle interno;
- propriedade e controle parcial, envolvendo parcerias, controle temporário, sociedade majoritária ou sociedade minoritária;
- controle parcial sem propriedade, como no caso de *franchising*, licenciamento ou contrato de longo prazo.

Quanto à **redefinição do negócio central**, existe a possibilidade estratégica de retirada ou redução, quando uma empresa diminui sua atuação ou se desfaz de negócios não centrais, voltando-se mais cuidadosamente para o seu negócio essencial. Muitas vezes, isso acontece, segundo Mintzberg, Ahlstrand e Lampel (2000), porque as empresas percebem que vão perdendo o senso de identidade, necessitando de uma consolidação do seu negócio, de modo a evitar despender esforços excessivos naquilo que não é o essencial para a sua sobrevivência. Em alguns casos há a necessidade de reduzir alguns negócios e ou até de se desfazer deles.

Neste último capítulo, apresentamos as estratégias de Ansoff, Porter e Mintzberg como forma de dar subsídios ao planejamento estratégico empresarial. É importante salientar que, por se tratar de estratégias prontas, devem ser cuidadosamente analisadas e adaptadas a cada empresa, respeitando-se as características individuais. Todos os capítulos deste livro buscaram mostrar a você a importância do pensamento estratégico e da atitude competitiva, tanto do ponto de vista empresarial quanto do ponto de vista individual, o que quer dizer que você, independentemente da posição que ocupa em uma organização, tem possibilidade de contribuir tanto estrategicamente como competitivamente para o sucesso dela. Aliás, são as pessoas que fazem uma empresa dar certo!

Síntese

A segunda parte deste livro abordou a relevância do planejamento estratégico em busca da competitividade das organizações. Partindo do princípio de que estas se encontram num ambiente aberto, podemos afirmar que há fortes influências externas no planejamento e na gestão dessas organizações.

Ao abordarmos o plano estratégico, observamos que, na elaboração desse recurso, devem ser considerados itens imprescindíveis, como: análise cuidadosa do setor ao qual a empresa pertence, informações sobre os clientes e os concorrentes, listagem de todos os recursos da empresa, identificação do diferencial da empresa, avaliação das condições financeiras básicas e projeção financeira e orçamento.

Para a análise da concorrência, avaliamos a rivalidade entre os concorrentes, que é uma das cinco forças competitivas de Porter. Nessa abordagem, mostramos a necessidade de avaliarmos o ambiente no qual a organização está inserida e, da mesma forma, de elaborarmos planos estratégicos e táticos com base nesses elementos.

No que se refere a clientes e fornecedores, procuramos demonstrar o forte impacto que estes exercem nos negócios. É preciso perceber que são várias as influências advindas desses dois públicos e que, conhecendo-as, é possível estabelecer a melhor decisão com vistas à permanência e à sobrevivência da organização no ambiente em que exerce suas atividades.

Colocamos sob análise, ainda, os novos entrantes e os produtos substitutos, finalizando o exame das cinco forças de Porter. Buscamos evidenciar que uma organização precisa conhecer e monitorar aqueles produtos ou serviços que podem afetar a sobrevivência e o sucesso do negócio no longo prazo. Da mesma forma, a inserção no mercado de produtos substitutos pode neutralizar ou inviabilizar os pontos fortes, deixando-o pouco atrativo para os consumidores.

Com base nas situações expostas, atestamos que as pequenas empresas devem buscar estratégias para se fortalecer e ganhar competitividade, como foi amplamente abordado ao tratarmos de redes de empresas, demonstrando que com essa configuração é possível ganhar força e competir de maneira mais forte com os grandes concorrentes de um setor.

Finalizando, não pudemos deixar de lembrar os grandes estrategistas Ansoff, Porter e Mintzberg, que fundamentam grande parte da literatura sobre o planejamento estratégico e que estão cada vez mais presentes no cotidiano empresarial.

Referências

AMORIM, M. A. **"Clusters" como estratégia de desenvolvimento industrial no Ceará**. Fortaleza: Banco do Nordeste, 1998.

ANSOFF, H. I. **Estratégia empresarial**. São Paulo: McGraw-Hill, 1977.

BARQUERO, A. V. **Desenvolvimento endógeno em tempos de globalização**. Porto Alegre: Ed. da UFRGS, 2001.

CÂNDIDO, G. A.; ABREU, A. F. Os conceitos de redes e as relações interorganizacionais: um estudo exploratório. In: ENCONTRO DA ASSOCIAÇÃO NACIONAL DE PÓS-GRADUAÇÃO E PESQUISA EM ADMINISTRAÇÃO – EnANPAD, 24., 2000, Florianópolis. **Anais...** Florianópolis: Anpad, 2000.

CÂNDIDO, G. A.; DIAS, S. T. A. **A organização das pequenas e médias empresas**: o que revelam os estudos brasileiros. João Pessoa: Ed. Universitária, 1998. Relatório de Pesquisa CNPq/UFPB/Pibic.

CASAROTTO FILHO, N.; PIRES, L. H. **Redes de pequenas e médias empresas e desenvolvimento local**: estratégias para a conquista da competitividade global com base na experiência italiana. São Paulo: Atlas, 1999.

CLEGG, S. R.; HARDY, C. Introdução: organização e estudos organizacionais. In: CLEGG, S. R.; HARDY, C.; NORD, W. R. (Org.). **Handbook de estudos organizacionais**. São Paulo: Atlas, 1999. p. 27-42. v. 1: Modelos de análise e novas questões em estudos organizacionais.

CRUZ, J. A. W.; MARTINS, T. S.; AUGUSTO, P. O. M. (Coord.). **Redes sociais e organizacionais em administração**. Curitiba: Juruá, 2008.

HOUAISS, A.; VILLAR, M. de S. **Dicionário eletrônico Houaiss da língua portuguesa 3.0**. Rio de Janeiro: Objetiva, 2009. 1 CD-ROM.

MAXIMIANO, A. C. A. **Introdução à administração**. São Paulo: Atlas, 2006.

MINTZBERG, H.; AHLSTRAND, B; LAMPEL, J. **Safári de estratégias**: um roteiro prático pela selva do planejamento estratégico. Porto Alegre: Bookman, 2000.

MINTZBERG, H. et al. **O processo da estratégia**: conceitos, contextos e casos selecionados. Porto Alegre: Bookman, 2006.

MONTGOMERY, C. A.; PORTER, M. E. (Org.). **Estratégia**: a busca da vantagem competitiva. Rio de Janeiro: Campus, 1998.

NADLER, D. A. Arquitetura organizacional: metáfora para mudança. In: NADLER, D. A.; GERSTEIN, M. S.; SHAW, R. (Org.). **Arquitetura organizacional**: a chave para a mudança empresarial. Rio de Janeiro: Campus, 1994. p. 29-49.

PORTER, M. E. **Competição**: estratégias competitivas essenciais. Rio de Janeiro: Campus, 1999.

____. **Estratégia competitiva**: técnicas para análise de indústrias e da concorrência. Rio de Janeiro: Elsevier, 2004.

____. **Vantagem competitiva**: criando e sustentando um desempenho superior. São Paulo: Campus, 1989.

ROSSETTI, J. P. **Introdução à economia**. São Paulo: Atlas, 2002.

SANTOS, S. A. Modernização gerencial e tecnológica de pequenas empresas industriais. In: SIMPÓSIO DE GESTÃO DA INOVAÇÃO TECNOLÓGICA, 20., 1998, São Paulo. **Anais...** São Paulo, 1998.

SOUZA, M. C. A. F.; BACIC, M. J. Pensando políticas para as pequenas empresas: importância das formas de inserção e as condições de apropriação dos benefícios. In: SIMPÓSIO DE GESTÃO DA INOVAÇÃO TECNOLÓGICA, 20., 1998, São Paulo. **Anais...** São Paulo, 1998.

TIFFANY, P.; PETERSON, S. D. **Planejamento estratégico**: o melhor roteiro para um planejamento estratégico eficaz. Rio de Janeiro: Campus, 1998.

VASCONCELLOS, M. A.; GARCIA, M. E. **Fundamentos de economia**. São Paulo: Saraiva, 2004.

Bibliografia comentada

CRUZ, J. A. W.; MARTINS, T. S.; AUGUSTO, P. O. M. (Coord.). **Redes sociais e organizacionais em administração**. Curitiba: Juruá, 2008.

Indicado para quem quer aprofundar-se no estudo de redes de empresa, o livro trata dessas estruturas como inovação organizacional, assegurando a possibilidade participativa no processo organizacional. Vários exemplos ajudam a entender melhor o assunto, como o caso de uma rede de associações de catadores de material reciclável, o caso das malharias de um pequeno município e a análise do setor têxtil de Goioerê, no Paraná.

TIFFANY, P.; PETERSON, S. D. **Planejamento estratégico**: o melhor roteiro para um planejamento estratégico eficaz. Rio de Janeiro: Campus, 1998.

O livro apresenta uma linguagem acessível e funciona como um manual prático para a elaboração de planos estratégicos. Na verdade, é um guia completo para quem quer elaborar um plano. Se puder, leia o livro todo, pois é muito interessante e prático, mas dê atenção especial ao quarto capítulo, "Explorando o ambiente de negócio", pois é nesse texto que consta um questionário de análise setorial que vai ajudá-lo muito a dimensionar o seu mercado de atuação. Boa leitura!

VASCONCELLOS, M. A.; GARCIA, M. E. **Fundamentos de economia**. São Paulo: Saraiva, 2004.

É na área econômica que se pesquisam as estruturas de mercado, estudo que se torna imprescindível para os administradores entenderem o setor em que atuam com base no número de empresas que compõem o mercado, no tipo de produto comercializado (idêntico ou diferenciado) e na existência de barreiras de acesso a novas empresas. Procure ler especificamente o sétimo capítulo, "Estruturas de mercado".

Considerações finais

O objetivo deste livro foi proporcionar a você, leitor, uma reflexão sobre o papel do elemento humano da organização diante da competitividade, da concorrência e da necessidade de sobrevivência num mercado mutante.

Sabemos que as organizações não são apenas formadas por seus recursos materiais, físicos e tecnológicos; são constituídas por pessoas, com as mais diversas formas de pensar e agir, que podem trazer o sucesso ou o insucesso do empreendimento.

Esse resultado depende também do gestor, uma vez que há formas de criar ambientes de trabalhos favoráveis ao autodesenvolvimento, ao espírito de equipe e à busca pela qualidade máxima possível, respeitando-se sempre as limitações que cada ser humano possui.

A busca incessante pelo aumento de produtividade e pela minimização de custos só terá êxito se formos humanos o suficiente para gerir as pessoas, valendo-nos da liderança que cada um de nós possui e procurando melhorar a cada dia que passa.

Para isso, basta identificarmos em nós os valores que sirvam de alicerce para os conhecimentos científicos e as novas técnicas de gestão, pois, antes de motivarmos qualquer pessoa, também precisamos estar motivados.

Essa motivação é o combustível para a execução das estratégias apresentadas neste livro e que servem de base para a gestão de negócios de todas as espécies, em instituições públicas, privadas ou do terceiro setor.

As organizações evoluem e mudam; da mesma forma, são alteradas as estratégias para se obter sucesso nos negócios. Por essa razão, continue buscando o aprendizado e não deixe de inovar, de ser criativo e dinâmico, pois é de pessoas com essa visão que as organizações precisam para se manterem sustentáveis.

Para finalizar, gostaria de lembrar que a teoria sem a prática é morta, não tem valor nem sentido de existir. Por isso, utilize os conhecimentos que adquiriu com a leitura deste livro e aplique as teorias da melhor forma no seu cotidiano pessoal e profissional.

Os papéis utilizados neste livro, certificados por instituições ambientais competentes, são recicláveis, provenientes de fontes renováveis e, portanto, um meio responsável e natural de informação e conhecimento.

Impressão: Tuicial Indústria Gráfica
Março/2017